"Mark McMinn es ese investigador excepcional que puede integrar con maestría la psicología científica, la teología cristiana y la práctica de la consejería. En *Psicología de la virtud*, coloca lo mejor de la investigación contemporánea de la psicología positiva en un diálogo fructífero con la vieja sabiduría cristiana. Los escritos de McMinn son siempre intelectualmente estimulantes con nuevas percepciones sobre importantes preguntas interdisciplinares, pero es la dimensión práctica o formativa de sus escritos lo que distingue su trabajo. Este libro no solo me ha ayudado a comprender las virtudes cristianas más importantes, sino que también me ha proporcionado estrategias claras para practicarlas".

—**Steven J. Sandage**,
Universidad de Boston

"McMinn ha escrito un libro importante sobre la compatibilidad de la fe y la ciencia. Une el papel de una vida virtuosa con hallazgos científicos y alienta a la iglesia y a la universidad a cooperar en un esfuerzo por ayudar a las personas a convertirse en todo aquello para lo que fueron creadas. Cualquier persona de fe que aconseje a la gente debería usar este libro como una guía para la práctica y la reflexión".

—**Linda Mintle**,
Liberty University College of Osteopathic Medicine

PSICOLOGÍA DE LA VIRTUD

Por qué la psicología positiva
es importante para la iglesia

Mark R. McMinn

EDITORIAL CLIE
C/ Ferrocarril, 8
08232 VILADECAVALLS
(Barcelona) ESPAÑA
E-mail: clie@clie.es
http://www.clie.es

Publicado originalmente en inglés bajo el título *The Sciencie of Virtue* por Brazos Press, una división de Baker Publishing Group, Grand Rapids, Michigan, 49516, EE.UU.
© 2017 por Mark R. McMinn.

«*Cualquier forma de reproducción, distribución, comunicación pública o transformación de esta obra solo puede ser realizada con la autorización de sus titulares, salvo excepción prevista por la ley. Diríjase a CEDRO (Centro Español de Derechos Reprográficos) si necesita fotocopiar o escanear algún fragmento de esta obra (www.conlicencia.com; 917 021 970 / 932 720 447)*».

© 2020 por Editorial CLIE, para esta edición en castellano

PSICOLOGÍA DE LA VIRTUD
ISBN: 978-84-17620-65-3
Depósito Legal: B 660-2020
Psicología
General
Referencia: 225135

Impreso en Estados Unidos de América / *Printed in United States of America*

Acerca del autor

Mark R. McMinn es profesor de psicología en la George Fox University, en la que enseña y sirve como director de integración de fe en el Departamento de Posgrado de Psicología Clínica. Mark posee un doctorado de la Vanderbilt University, es psicólogo en ejercicio en Oregon reconocido por la Junta Estadounidense de Psicología Profesional, miembro de la American Board of Professional Psychology (Asociación Americana de Psicología, APA) y expresidente de la división de Psicología de la Religión de la APA.

Mark ha sido premiado como maestro del año, tanto en la George Fox como en Wheaton College, donde enseñó de 1993 a 2006. En 2010 recibió el premio al Investigador Graduado del Año, en la George Fox University. Gran parte de su investigación y todo su trabajo clínico de los últimos años se han centrado en la salud de los ministros cristianos y en encontrar formas eficaces para que los profesionales de la salud mental y el ministerio cristiano colaboren estrechamente.

La esposa de Mark, Lisa, es socióloga y escritora. Han criado juntos a tres hijas, ya mayores. Mark y Lisa viven en el Oregón rural, donde asisten a la Newberg Friends Church (Iglesia de Amigos de Newberg), y regentan una pequeña granja agrícola con la Community-Supported Agriculture (Agricultura con Apoyo Comunitario, CSA).

Dedicado a Auden, Juniper, Eden, Mark, Wesley y
Nash, mis seis nietos.

Busca la virtud al enfrentarte a las alegrías, al
sufrimiento, a las bendiciones y al dolor que te
depare la vida.

ÍNDICE

Reconocimientos 13
Introducción: *un nuevo diálogo sobre la virtud*. . . 17

    1. LA SABIDURÍA 29

    2. EL PERDÓN. 61

    3. LA GRATITUD 87

    4. LA HUMILDAD 111

    5. LA ESPERANZA 139

    6. LA GRACIA 161

Conclusión: *trabajemos juntos*. 183
Bibliografía 193
Índice 203

RECONOCIMIENTOS

Llevo treinta y ocho años casado con Lisa, socióloga, escritora y persona extraordinaria. Nos consideramos mutuamente como nuestros "primeros lectores", lo que significa que leemos nuestros borradores que aún no están listos para que nadie más los lea y nos hacemos recomendaciones sobre cómo mejorarlos. Como otras veces, Lisa ha sido la primera lectora de cada capítulo de este libro. Amablemente ha señalado las mejores y las peores partes, y me ha ayudado a aclararme cuando mis ideas y mis palabras eran confusas o poco claras.

Como se verá en casi todos los capítulos, agradezco a la Fundación John Templeton por financiarme con una beca de tres años que nos ha permitido a mis colaboradores, estudiantes y a mí, realizar un estudio sobre psicología positiva y la iglesia. El Dr. Nicholas Gibson, el director de programas de Templeton que dirigió esta subvención, fue particularmente útil al revisar la propuesta de la beca y hacer comentarios durante el proceso. Mis colaboradores, el Dr. Rodger Bufford y el Dr. MaryKate Morse, han sido colaboradores en la beca. El Dr. Ward Davis de Wheaton College supervisó uno de los proyectos de la beca. Gracias también a los estudiantes de doctorado de George Fox University y Wheaton College que han trabajado en los proyectos financiados por la beca: Andrew Cuthbert, Laura Geczy-Haskins, Paul McLaughlin, Jeff Moody y Jens Uhder.

Trabajo en un departamento de psicología notablemente saludable, mérito en gran parte de nuestra jefa de departamento, la Dra. Mary Peterson. Los colaboradores de mi facultad y los estudiantes de doctorado me ayudan a pensar mejor de lo que lo haría sin ellos, y estoy agradecido por su papel permanente en mi desarrollo profesional y espiritual. Heidi Cuddeford, una de las ayudantes administrativas de nuestro departamento, ha ido mucho más allá de sus obligaciones para ayudar a que los proyectos de becas de Templeton fueran aprobados. Adriana Rangel-Ponce ha trabajado como asistenta de pregrado y ha ayudado con las citas de referencia para las primeras versiones del manuscrito.

La iglesia a la que asisto cada semana, la Newberg Friends Church (Iglesia de Amigos de Newberg), ha sido parte de este proyecto de varias maneras. Los pastores Gregg Koskela y Steve Fawver han influido en el currículo que desarrollamos para un programa de *mentoring* de sabiduría, y los ancianos de la iglesia y el personal administrativo han aceptado que nos asociemos con ellos para dirigir el programa. Tamera Brand, Denise y Kevin Brooks, Marcile Crandall, Elaine y Gregg Koskela, Carol y David Sherwood y Elizabeth y Steve Sherwood, han trabajado como buenos mentores en el programa de *mentoring* de sabiduría. Natalie Koskela y Megan Anna Neff también han ayudado de manera importante en el proyecto de sabiduría. En el caso de Natalie al realizar entrevistas con participantes de sabiduría y en el caso de Megan Anna al proporcionar una perspectiva teológica a medida que desarrollábamos el plan de estudios. La clase de la escuela dominical Children of the Light me permitió enseñar sobre cada uno de los capítulos de este libro y me ofreció comentarios útiles a lo largo del camino.

También doy gracias a los pastores y otras iglesias que se asociaron con nosotros en varios proyectos, incluidos los pastores Jeff Getsinger, Lynn Holt, Jed Maclaurin, Bill Moorman, Rich Miller, Ken Redford y Andrew Yarborough. La Dra. Rebecca Ankeny, ex superintendente de la Northwest Yearly Meeting of Friends (Reunión Anual de Amigos del Noroeste), ha sido especialmente útil en el establecimiento de relaciones de trabajo con iglesias y pastores.

Finalmente, doy las gracias al equipo de diseño y editorial altamente profesional de Brazos Press. Ellos creyeron en esta idea y me ayudaron a lograr que el manuscrito se convirtiera en lo que es ahora.

INTRODUCCIÓN

UN NUEVO DIÁLOGO SOBRE LA VIRTUD

Mis alumnos se sonríen cuando menciono 1980, como si estuviéramos estudiando historia de la antigüedad. No me parece que haga tanto tiempo, pero a la mayoría de ellos le faltaban diez años para nacer. En aquel año entró en erupción el Monte St. Helens, cubriéndonos a mis compañeros y a mí con dos centímetros y medio de ceniza el día de la graduación en la universidad en Portland, Oregón. El Cubo de Rubik captó la atención del mundo y más de mi tiempo libre de lo que me gustaría admitir. Y una pareja preocupada de mi iglesia se nos acercó a mi esposa Lisa y a mí, unas pocas semanas antes de que hiciéramos nuestra mudanza a la escuela de posgrado, advirtiéndonos de que mi decisión de obtener un doctorado en psicología clínica probablemente nos llevaría a ambos a abandonar nuestra fe. Varias semanas después, durante mi primer día en el campus de la Vanderbilt University, otro estudiante de doctorado me dijo que seguramente no podría ser creyente y a la vez un buen científico. En 1980 la psicología y el cristianismo no se llevaban bien.

Aunque no podamos decir que la guerra entre la psicología y la religión ha terminado por completo, me parece sorprendente que, treinta y cinco años más tarde, cristianos comprometidos escriban gran parte de la literatura de psicología científica que leo. No solo los psicólogos pueden ser creyentes y los creyentes pueden ser buenos científicos sociales, sino que algunos de los desarrollos más emocionantes en este campo se han producido porque creyentes comprometidos decidieron hacer las paces con la psicología.

Buena parte del cambio se debe a la psicología positiva. En 1998, el presidente de la American Psychological Association (Asociación Americana de Psicología), Martin Seligman, dijo que los psicólogos habíamos hecho un muy buen trabajo explicando y tratando lo que está mal en las personas, pero que en gran medida habíamos pasado por alto lo que está bien en ellas. Casi de la noche a la mañana nació una vibrante psicología moderna de la virtud,[1] y desde entonces muchos cristianos han formado parte de este nuevo movimiento para estudiar la virtud científicamente. Muchos de los principales investigadores en el tema del perdón son cristianos, así como algunos de los principales expertos del mundo en gratitud. Casi todos los científicos que estudian actualmente la humildad son cristianos. Se están desarrollando nuevos programas de investigación para estudiar la gracia y ¿se imaginan quién está al frente? Cuesta trabajo incluso imaginar que se pueda estudiar la gracia sin conocer a Jesús.

La Fundación John Templeton merece buena parte del crédito. Incluso ante las críticas enconadas de científicos de la vieja escuela que aún sostienen que la religión no tiene espacio en la investigación empírica, la Fundación Templeton ha dado generosamente para financiar investigaciones de ámbito mundial sobre religión y ciencia. La fundación exige una ciencia excelente al tiempo que resalta la importancia de las cuestiones fundamentales de significado y propósito. Muchos cristianos involucrados en la investigación de psicología positiva, así como investigadores de otras creencias religiosas, han recibido fondos a través de esta fundación.

---

[1] Christopher Peterson y Martin E. P. Seligman, *Character Strengths and Virtues: A Handbook and Classification* (Washington, DC: American Psychological Association; New York: Oxford University Press, 2004).

Es un momento emocionante para el investigador cristiano, científico social, consejero y seguidor de Jesús. Las tensiones se mantienen entre la psicología y la iglesia, pero sobre todo parecen tan lejanas como lo es el año 1980 para mis alumnos. Hoy tenemos un nuevo diálogo que abre la posibilidad de asociación y colaboración mutua.

¿POR QUÉ ESCRIBIR ESTE LIBRO? ¿POR QUÉ LEERLO?

Tengo cuatro razones para escribir *La psicología de la virtud*, pero ahora solo voy a dar dos de ellas, y me guardo otras dos para el final de la introducción.

Primero, la psicología positiva nos ayuda a vindicar o redimir el lenguaje de la virtud, perdido en gran medida en los tiempos que corren. Uno de los sentidos de la palabra "redimir" es comprar o rescatar algo.

Con la modernidad el discurso sobre la virtud disminuyó, así como nuestra capacidad para entender lo que es.[2] Hoy en día valoramos la ciencia, con su intenso escrutinio de "lo que es", más que a la virtud misma, lo cual requiere una toma de conciencia de quiénes vamos a llegar a ser (teleología). Para redimir la virtud se requiere que imaginemos una vocación, para comprender que estamos llamados a ser más humanos, que abundemos más y más como Jesús. Necesitamos un Punto B que nos ayude a dar sentido a nuestro Punto A actual, y también necesitamos saber cómo pasar del Punto A al Punto B.

Aunque la ciencia no puede recuperar en su plenitud la rica idea que la gente tenía de la virtud en los siglos pasados, la psicología positiva es un paso en la buena dirección. La psicología positiva está redimiendo la virtud, suscitando y abordando temas tratados desde antes de los tiempos de Cristo —pero perdidos en su mayoría en los últimos decenios. Así como Aristóteles enseñó tanto la ética de la virtud como el estudio empírico del mundo, la psicología positiva reúne la virtud y la ciencia para tratar temas como la esperanza, la capacidad de recuperación, la compasión, la

---

[2] Alasdair MacIntyre, *After Virtue*, 3ª ed. (Notre Dame, IN: University of Notre Dame Press, 2007).

gratitud, la tolerancia, el perdón, la autenticidad, la humildad, la creatividad, la sabiduría y muchas cosas más. Me ocuparé solo de algunos de estos temas en un libro corto como este, pero en cada capítulo nos adentraremos en la psicología de la virtud para ver cómo la psicología positiva influye en nuestra comprensión del carácter humano, principalmente de modo práctico.

Principalmente. Esto nos lleva a mi segunda razón para escribir el libro. Otro significado de la palabra "redimir" es cambiar a mejor. La actual psicología de la virtud será más efectiva si la iglesia se informa y se implica. La psicología positiva necesita a la iglesia. Hablaré de este punto en cada capítulo del libro. En seguida resumiré mi argumento de por qué la psicología positiva necesita a la iglesia, pero primero permíteme establecer el contexto relacionando la virtud con lo que Jesús llamó los mayores mandamientos.

LA VIRTUD Y LOS MAYORES MANDAMIENTOS

Tómate un minuto para pensar solo en ti mismo. ¿Qué quieres comer en tu próxima comida y cómo vas a conseguirlo? ¿Te gusta tu trabajo? ¿Ganas lo que quieres? Y si no lo haces ¿cómo puedes ganar más? ¿Quién te gusta? Y si esa persona no corresponde a tu afecto ¿qué puedes hacer para que te quiera? ¿Cómo está tu salud y qué puedes hacer para mejorarla? Bueno, es momento de parar, pero imagina por un instante que toda tu vida consistiera en pensar solo en ti mismo. Esta es la esencia del vicio: ocupar uno mismo todo el campo visual.

Podríamos sentirnos tentados a decir que el vicio se centra en uno mismo y que la virtud, en cambio, se centra en los demás, pero no es posible centrarse totalmente en los demás. Parece que estamos programados según el propio interés. Piensa en esta frase: *Para ser completamente virtuosos, debemos vaciarnos completamente de nosotros mismos y centrarnos en el otro.* ¿Ves el error lógico? ¿Cómo puede uno deshacerse de sí mismo? El yo existe y se interesará por su propia existencia. Ninguno de nosotros tiene que esforzarse demasiado para pensar en sí mismo —es algo muy natural. Entonces, la esencia de la virtud no es eliminar el yo, o eliminar todo interés propio, sino encontrar el punto de equilibrio donde el interés de los otros coexista con el interés de uno mismo. Además, la virtud nos llama a considerar el desarrollo del yo, tanto el mío como el del otro, hacia un estado de realización plena.

¿Qué podría querer para mi próxima comida y cómo afectan mis elecciones a quienes cultivan mis alimentos en mi propio país y alrededor del mundo? ¿Cómo me influyen mis elecciones de comida? ¿En qué afecta a la formación del carácter de mis vecinos cercanos y lejanos? ¿Me gusta mi trabajo y contribuye este a que el mundo sea un lugar más sano y hermoso? ¿De qué modo equilibro mi interés por el dinero con una concienciación profunda acerca de quienes tienen menos acceso a los recursos financieros? ¿Muestra mi relación con el dinero el deseo de ser cada vez más la persona que Jesús quiso hacer de mí? ¿Por quién me siento atraído, con quién estoy comprometido y cómo reflejan mis gustos y compromisos el tipo de amor que contribuye al bienestar de los demás? ¿Cómo se relacionan mi salud, la salud de quienes me rodean y la salud del planeta? Estas preguntas más complejas posibilitan la virtud, donde el interés propio está contenido y equilibrado con el interés por los demás y un anhelo piadoso por el desarrollo moral. El psicólogo cristiano Everett Worthington escribe: "La esencia de la mayoría de las virtudes es que autolimitan los derechos o privilegios del yo a favor del bienestar de los demás".[3]

Piensa en la virtud clásica de la prudencia, la capacidad de elegir lo bueno y evitar lo malo. ¿Cómo podemos saber qué es lo correcto sin tener en cuenta el efecto que nuestras acciones ejercen sobre los demás? La prudencia requiere un equilibrio entre el interés propio y la preocupación por los demás. Otra virtud clásica, la justicia, es dar a los demás lo que se les debe. Requiere conocer al otro, una gran capacidad para observar y comprender su naturaleza. La rectitud, la fuerza para ser justo y prudente, en ocasiones demanda de nosotros que pongamos una causa superior por encima de nuestro propio interés. La templanza nos llama a moderar nuestro interés personal, a disfrutar de las cosas buenas de la vida sin que lleguen a esclavizarnos. Las virtudes limitan el

---

[3] Everett L. Worthington Jr., "What Are the Different Dimensions of Humility?," *Big Questions Online*, November 4, 2014, https://www.bigquestionsonline.com/2014/11/4/what-are-different-dimensions-humility.

interés propio, y hacen que nos convirtamos en personas habituadas a actuar de ese modo.

La virtud cristiana introduce una tercera dimensión: la consciencia de Dios y el amor por él. Cuando los líderes religiosos del tiempo de Jesús trataron de atraparlo preguntándole cuál era el mandamiento más importante de la ley del Antiguo Testamento, Jesús les dio una respuesta que ha resonado durante más de dos milenios: "«Amarás al Señor tu Dios con todo tu corazón, con toda tu alma y con toda tu mente». Este es el primero y grande mandamiento. Y el segundo es semejante: «Amarás a tu prójimo como a ti mismo». De estos dos mandamientos dependen toda la Ley y los Profetas" (Mt 22:37-40).

Aquí vemos que seguir a Jesús implica amar a Dios, amar al prójimo y controlar adecuadamente nuestro deseo instintivo de amarnos a nosotros mismos. Podemos cantar coros de alabanza facilones que tratan de adorar a Jesús y no hacerlo en realidad. Jesús vinculó claramente el amar a Dios con amarse a sí mismo y al prójimo, y así la adoración colectiva es honrar a un Dios relacional que se preocupa profundamente por cada uno de nosotros. La adoración es un acto de virtud que implica a Dios, al yo, al prójimo que se sienta a nuestro lado y al que vive lejos.

Armonizar la consciencia de Dios y de los demás con nuestro deseo natural de honrarnos a nosotros mismos nos lleva a hacernos otras preguntas más complejas. ¿Qué quiero comer la próxima vez y en qué manera mis preferencias muestran tanto mi amor por los vecinos locales y globales como mi deseo de entender y amar lo que Dios ama? ¿Cómo manifiesta mi trabajo la imagen de Dios y contribuye a hacer presente al Dios redentor en nuestro mundo sufriente? ¿Cómo mis relaciones reflejan a Dios al tiempo que aportan alegría, significado y esperanza tanto para el prójimo como para mí mismo?

Si queremos, podemos clasificar el vicio, la virtud y la virtud cristiana por categorías. Muchas divisiones útiles se han desarrollado a lo largo de los siglos, desde los siete pecados capitales, que eran en realidad ocho hasta que el papa Gregorio Magno aligeró un poco la lista en el siglo VI, a las cuatro virtudes cardinales que se abrieron paso en el pensamiento cristiano a través de Aristóteles, y a las tres virtudes teologales identificadas por el apóstol Pablo en 1ª de Corintios 13. Pero todas estas divisiones revelan en última instancia que el vicio exalta al yo y nos subyuga con nuestros deseos gratificantes inmediatos. Por el contrario, la virtud nos conduce al equilibrio, a controlar el interés personal sin sentido porque amamos a Dios y al prójimo. La virtud nos invita a imaginar un yo y un mundo mejor, y la virtud cristiana lo hace, pero integrada en una profunda relación de amor con Dios.

¿POR QUÉ LA PSICOLOGÍA POSITIVA NECESITA A LA IGLESIA?

Teniendo en mente esta idea de la virtud, podemos analizar la esencia del argumento que expongo en este libro. Si se la abandona a sí misma, la psicología tiende a desviarse hacia el interés propio. Muchos han escrito críticas muy fuertes a la psicología, algunas de las cuales rozan el ridículo, pero el psicólogo Paul Vitz nos aporta una de las más sensatas y convincentes en su texto *Psychology as Religion: The Cult of Self-Worship*, (*La psicología como religión: el culto a sí mismo*),[4] donde estudia la ubicuidad del egoísmo en la sociedad actual. La psicología puede convertirse en una cosmovisión, como si fuera una religión, según Vitz, y puede conducir a enfocarse demasiado en el yo. Aun la psicología positiva, que se desarrolló después de la publicación del libro de Vitz, puede desviarse en esa dirección.

Piensa en el perdón, que ha sido de gran ayuda para el movimiento de la psicología positiva. No hace muchos decenios, el perdón estaba relegado a la religión y casi nunca se le consideraba en el contexto de la psicología. Ahora hay miles de artículos sobre el tema, incluidos impresionantes estudios científicos que ponen de manifiesto el poder del perdón (hablaremos más sobre esto en el capítulo 2). Acércate a alguien en la calle y pregúntale por qué el perdón es importante, y probablemente te hablará de los beneficios personales inmediatos del perdón. De hecho, gran parte de la psicología demuestra lo beneficioso que es para la salud personal perdonar a quien te ofende. ¿Quieres bajar tu presión arterial, dormir mejor, sentirte más feliz? Perdona a quien que te ha hecho

---

[4] Paul C. Vitz, *Psychology as Religion: The Cult of Self-Worship*, 2ª ed. (Grand Rapids: Eerdmans, 1995).

daño. Se trata de un estudio importante a celebrar, pero mira lo fácil que es acabar centrándose y fijándose en uno mismo.

Piensa ahora en el perdón como virtud cristiana, tal como lo haremos detalladamente en el capítulo 2. No se trata solo de que yo quiera seguir adelante con mi vida sintiéndome mejor. No, el perdón es una acción espiritual, un acto de adoración pleno, en reconocimiento del carácter misericordioso de Dios y de su perdón. El carácter de Dios, revelado en Jesús, me transforma. Cualquiera que sea el nivel de cambio efectuado en mí, puedo tener un efecto transformador en quienes me rodean, ayudándolos a vislumbrar lo que significa vivir como vive Jesús. Visto así, el perdón es un acto comunitario, diseñado para fomentar la sanidad, la esperanza y el crecimiento.[5] Quienes perdonamos, necesitamos que la iglesia nos recuerde por qué es importante poner nuestro interés propio en el contexto de algo más profundo y más enriquecedor de lo que de modo natural podemos entender.

Stanton Jones, quien fuera rector de Wheaton College, hace una crítica útil y equilibrada de la psicología positiva.[6] Aunque Jones reconoce que hay varias dimensiones que celebrar, también plantea serias dudas sobre cómo la psicología positiva entiende la naturaleza de la existencia (ontología), el conocimiento (epistemología) y la filosofía práctica. No es solo una cuestión académica; les toca necesariamente a los eruditos cristianos ver cómo cualquier nuevo avance científico encaja con la fe cristiana. Aun valorando mucho los últimos veinte años de psicología positiva, el movimiento todavía está en su infancia. La iglesia existe desde hace mucho tiempo y actúa como guardiana de la verdad. La psicología positiva necesita a la iglesia para identificar sus puntos fuertes y sus puntos oscuros. He dado un vistazo previo de esto hablando del perdón y presentaré argumentos similares sobre la sabiduría (capítulo 1), la gratitud (capítulo 3), la humildad (capítulo 4), la esperanza (capítulo 5) y la gracia (capítulo 6).

---

[5] L. Gregory Jones y Célestin Musekura, *Forgiving as We Have Been Forgiven: Community Practices for Making Peace* (Downers Grove, IL: InterVarsity, 2010).

[6] Stanton L. Jones, *Psychology: A Student's Guide* (Wheaton: Crossway, 2014). Capítulo 1. Sabiduría.

POR QUÉ LA IGLESIA NECESITA A LA PSICOLOGÍA POSITIVA

Reservé mis dos últimas razones que tenía para escribir este libro hasta el final de esta introducción sabiendo que una de ellas es polémica y la otra bastante desafiante. He aquí la polémica: que la iglesia puede beneficiarse de la psicología positiva. Se puede argumentar que la iglesia es relativamente autosuficiente, que ahí ha estado durante muchos siglos y que tiene poca necesidad de las últimas tendencias psicológicas o de la investigación actual en ciencias sociales. Aun así, escribo este libro porque estoy convencido de que la iglesia necesita tener en cuenta la psicología positiva y lo que esta ofrece al diálogo sobre la virtud que se ha estado desarrollando durante siglos. Doy dos ilustraciones sobre este punto aquí y daré algunas más en los capítulos que siguen.

Una razón por la que la iglesia necesita a la psicología positiva es que ha llegado el momento de que el cristianismo y la ciencia se conviertan en mejores amigos. Piensa en la difícil situación de un adolescente que crece en una iglesia que evita el diálogo con la ciencia. El domingo, este adolescente aprende que la religión es el camino a la verdad, y quizás incluso que no se puede confiar en la ciencia. De lunes a viernes, en el contexto de la escuela pública, el adolescente aprende que la ciencia es la forma más creíble de saber algo, y quizás que la religión es retrógrada e ignorante. En algún momento de la vida, el adolescente tendrá que tomar la decisión de permanecer en la iglesia y desconfiar de la ciencia o confiar en la ciencia y abandonar la iglesia. Cada vez más, esta es una batalla perdida para la iglesia. Al oír esto podemos echarle la culpa al sistema de la escuela pública, pero ¿qué estamos haciendo para promover un diálogo significativo que consiga la paz entre la ciencia y la fe? Los científicos sociales y naturales de cualquier universidad cristiana dirán que la ciencia y la fe pueden dialogar con provecho sin necesidad de ser enemigos, pero a veces el mensaje de la iglesia es otro. Abordar un diálogo significativo entre la ciencia y la fe ayudará a edificar la iglesia y nos mantendrá relevantes en un momento en el que la ciencia está obteniendo mucho más crédito del que merece. La psicología positiva proporciona un espacio ideal para fomentar el diálogo entre la ciencia y la fe porque el tema de la virtud es algo que ambas partes en diálogo valoran. Podemos estudiar la virtud de modo diferente, pero a todos nos interesa profundamente la búsqueda de la verdad.

Otra razón por la que la iglesia necesita la psicología positiva es hacer que los principios del pensamiento cristiano sean prácticos. Piensa de nuevo en el perdón. La mayoría de los cristianos están de acuerdo en que el perdón es importante. Jesús enseñó que debemos perdonar a los demás de varias maneras, incluso en el Padre Nuestro. En todo el Nuevo Testamento vemos una relación misteriosa entre el perdón de Dios y el perdón que concedemos al prójimo. La mayoría de nosotros hemos escuchado muchos sermones sobre el tema y nos hemos sentido movidos a perdonar y, al hacerlo, hemos experimentado paz. ¿Pero cómo perdonamos? ¿Cuáles son los pasos prácticos que puedo dar para perdonar a alguien que me ha herido profundamente? Las estrategias prácticas para llegar al perdón no están tan claras en la Biblia, aunque está claro que estamos llamados a descubrirlas. Tengo buenas noticias sobre esto porque quienes se dedican a la psicología positiva han trabajado mucho para descubrir el mecanismo del perdón. Imagínate un sermón que va más allá del mandato cristiano de perdonar y que muestra cómo se hace tal cosa realmente. Lo más seguro es que se trate del sermón de un pastor que entiende tanto la teología cristiana como la psicología positiva.

LA CONSEJERÍA PASTORAL Y LA PSICOLOGÍA POSITIVA

Finalmente, la razón más desafiante y, quizás, más gratificante para escribir el libro sea que: la psicología positiva puede ayudar a los consejeros cristianos y pastores a hacer su trabajo de manera renovada y fresca. ¿Por qué esto es tan desafiante? Porque las dos ramas relacionadas de la psicología, la psicología clínica, por un lado, y la psicología positiva por otro, no han construido muchos puentes para colaborar de manera significativa. Los psicólogos y consejeros clínicos tratan a sus pacientes y clientes ofreciendo sus servicios siguiendo las teorías tradicionales de tratamiento, ya sean psicodinámicas, cognitivo-conductuales, centradas en la familia, centradas en el paciente o en alguna tensión relacionada. Por otro lado, los psicólogos positivos suelen trabajar en la universidad. Aunque muchos psicólogos positivos están capacitados para el trabajo clínico, suelen mantener su investigación bastante al margen de su trabajo con los pacientes. Con la excepción del perdón (capítulo 2), la gratitud (capítulo 3) y algunos trabajos previos sobre la humildad, con demasiada frecuencia la psicología positiva permanece en su torre de marfil, y parece importante considerar sus implicaciones para el trabajo de los consejeros cristianos.

Como psicólogo clínico inmerso en el movimiento de consejería cristiana durante muchos años, leyendo, asesorando, investigando, dando conferencias y escribiendo, creo que es mi responsabilidad debatir un poco al final de cada capítulo sobre cómo la psicología positiva puede proporcionar conocimiento a los consejeros cristianos. Así lo haré.

En resumen, he dado cuatro razones para leer este libro: porque vale la pena saber algo acerca de la psicología positiva, porque la psicología positiva necesita a la iglesia, porque la iglesia necesita la psicología positiva y porque la psicología positiva puede ayudar a los consejeros cristianos a pensar en forma creativa acerca de su trabajo. Si todo esto parece un poco ambiguo ahora, estará más claro a medida que avancemos en los capítulos sobre virtudes concretas: la sabiduría, el perdón, la gratitud, la humildad, la esperanza y la gracia. Y si la gracia no te parece una virtud que deba estar en esta lista, retén por ahora tu opinión acerca de ello. Me ocuparé más adelante de aclarar por qué incluyo la gracia como una virtud.

El matrimonio de nuestra iglesia que en 1980 nos advirtió, a Lisa y a mí, de los peligros de la psicología eran dos de las personas más honestas y honradas que he conocido. Amaban a Jesús y vivían virtuosamente de modo notable. Fue difícil ir en contra de sus consejos, pero creo que Lisa y yo también hemos encontrado formas importantes de cómo amar a Dios y al prójimo en el proceso. La psicología me ha cambiado, especialmente la psicología positiva, y algunos años después Lisa también cambió cuando hizo su doctorado en sociología; pero en el proceso nos hemos sentido a gusto con la idea de que las ciencias sociales pueden mejorar nuestra fe, al igual que la fe agudiza nuestra ciencia. Únete a mí en este viaje integrador y trabajemos juntos para redimir la virtud.

CAPÍTULO 1
LA SABIDURÍA

Ayer, antes de comenzar este capítulo, jugué al *flag football*[1] con algunos de mis alumnos de doctorado. Aunque tengo treinta años más que ellos, hice un esfuerzo por estar a la altura durante tres horas muy divertidas. Hoy, mis doloridos músculos gritan cada vez que intento moverme. Mi esposa, Lisa, me dice que me están reprendiendo por mi insensatez. Escribir en el teclado es casi el único movimiento que no me duele. Parece a la vez adecuado y paradójico comenzar a escribir acerca de la sabiduría al día siguiente de castigar mi cuerpo con la excusa de pasar un buen rato. Espero no haber echado abajo mi credibilidad sobre el tema.

Esto del fútbol es un pequeño ejemplo, pero ¿acaso no necesitamos bastante sabiduría para comprender bien y vivir la vida de hoy en día? Imagina unos círculos concéntricos, comenzando con nuestras decisiones personales y extendiéndonos hacia afuera a nuestras membresías y responsabilidades cívicas. En cada uno de los círculos anhelamos ser sabios. Cada uno de nosotros se pregunta continuamente cómo emplear mejor nuestro tiempo en una época en la que el consumismo y la diversión reclaman permanentemente nuestra atención. Tomamos decisiones acerca de

---

[1] El *flag football* es una especialidad del fútbol americano, también llamado futbol pañuelo en español. Lo juegan sobre todo los niños. N.T.

la educación, la formación profesional, la elección de una carrera, o de cómo cambiar de una a otra, y la jubilación. ¿Cómo hemos de ganar, gastar y ofrendar nuestro dinero? Si nuestras ocupaciones son muchas, como seguramente lo son ¿cómo haremos para dormir, disfrutar de momentos de ocio, trabajar y ocuparnos de las tareas domésticas de manera equilibrada? ¿Y por qué seguimos extraviando nuestros teléfonos y llaves en los momentos más inoportunos? ¿Qué haremos para perder unos cuantos kilos y por qué importa que los perdamos? ¿Se trata solo de una tercera copa de vino o es que tengo un problema con la bebida? ¿Estoy leyendo un correo electrónico genuino o se trata de otra estafa más? ¿Debo abrir el archivo adjunto?, y si lo hago ¿estaré instalando un virus en mi ordenador?

Al avanzar hacia el exterior de estos círculos concéntricos muchos de nosotros vivimos en unidades familiares que requieren otro nivel de sabiduría. Honrar a los padres, amar como es debido al cónyuge, proporcionar seguridad a los niños en un mundo complejo y violento, al mismo tiempo que los criamos para que sean amables y compasivos, siendo a la vez cercanos sin agobiarlos, sabiendo cuándo y cuántas reglas establecer con los hijos adolescentes. ¿Quién compra y quién prepara la comida? ¿Cómo llegar a fin de mes cuando a veces escasean las finanzas?

Muchos viven en comunidades pequeñas, con amigos y vecinos que pueden caernos bien o mal, o ambas cosas a la vez. ¿Cuándo hemos de poner límites y cuándo somos egoístas? ¿Acudimos a nuestros amigos y vecinos cuando los necesitamos, o nos las arreglamos solos? ¿Qué hacemos cuando otros nos necesitan? Algunos de nosotros somos miembros de iglesias en las que tenemos que decidir si las diferencias ideológicas y doctrinales afectan a la unidad en Cristo. Debido a que muchas iglesias están perdiendo membresía en estos días, nos planteamos muchas preguntas acerca de cómo mantenernos relevantes en un mundo posmoderno y cuándo los esfuerzos por ser relevantes colisionan con el compromiso moral.

Retrocediendo un poco para ver los círculos concéntricos más grandes, vemos que pertenecemos a grupos cívicos, ya sea el municipio, la región o estado, la nación o el mundo. No es tarea fácil entender nuestros derechos y responsabilidades en cuanto al voto y saber cómo priorizar los puntos de vista de los candidatos en cuanto a moralidad personal, seguridad nacional, economía y justicia social. ¿A quién vamos a dar nuestras aportaciones económicas siendo nuestros recursos limitados y pareciendo las necesidades locales y globales infinitas? A dondequiera que nos volvamos, cada día que vivimos, somos gente que anhela ser sabia en medio de un mundo complicado.

Los expertos en ciencias sociales han estado estudiando la sabiduría, que para algunos es algo bueno, y para otros irrelevante y, tal vez, para los científicos escépticos malas noticias. Habiendo pasado toda mi carrera valorando las contribuciones de la ciencia, mi objetivo es fomentar una relación entre lo que la ciencia nos ayuda a descubrir y lo que la fe nos dice acerca de la sabiduría. Al poner la ciencia y la fe juntas, y dejar que se influyan mutuamente, podemos construir sabiduría para la vida diaria.

LA PSICOLOGÍA DE LA SABIDURÍA

Paul McLaughlin, uno de los que jugaban conmigo al *flag football* ayer, entró en mi oficina hace tres años y me dijo que quería dar una conferencia acerca de la sabiduría. "Es un gran tema", dije, "pero en realidad los psicólogos no estudian la sabiduría". Paul fue a la biblioteca y me demostró que estaba equivocado. Resulta que los psicólogos llevan estudiando la sabiduría durante treinta años como mínimo. Buena parte del trabajo ha salido de la Universidad de Chicago y del Instituto Max Planck para el Desarrollo Humano de Berlín. He leído mucho acerca de la sabiduría en los últimos tres años, Paul y yo publicamos un artículo sobre el tema y él completó su conferencia sobre la sabiduría.[2]

A veces envidio a los químicos e imagino que las sustancias que estudian están claramente definidas según el número de moléculas de carbono y los tipos de enlaces que comparten. Lo más seguro es que me equivoque sobre la simplicidad de la química, pero aun así no puedo pensar en algo más difícil de definir que la sabiduría. Si les pidiéramos a cien personas que definieran lo que es la sabiduría, seguramente obtendríamos una amplia gama de respuestas, desde hábiles consejos financieros hasta prácticas

---

[2] Paul McLaughlin y Mark R. McMinn, "Studying Wisdom: Toward a Christian Integrative Perspective," *Journal of Psychology and Theology* 43 (2015): 121–30.

espirituales o cómo decidir con quién hemos de casarnos (o con quién no hay que casarse nunca).

Paul Baltes, experto en psicología evolutiva reconocido mundialmente y fundador del Berlin Wisdom Project (Proyecto Sabiduría de Berlín), consideró que la sabiduría es "el conocimiento experto en la práctica fundamental de la vida".[3] Ten en cuenta que la sabiduría implica conocimiento, pero no es lo mismo. Puedes saber mucho acerca de cómo vivir saludablemente, pero si descuidas las prácticas fundamentales de cómo comer bien, hacer ejercicio, dormir y disfrutar del momento presente, tu conocimiento no te beneficiará mucho. La sabiduría va más allá del conocimiento al aplicar el conocimiento a la práctica de una vida adecuada.

El psicólogo de Yale Robert Sternberg argumenta de modo parecido diciendo que el conocimiento ha de aplicarse para que se manifieste la sabiduría, pero nos recuerda que no se trata solo del propio interés: "Hay sabiduría cuando la inteligencia práctica se aplica para maximizar no solo el interés propio o el de otra persona, sino más bien cuando se equilibran varios intereses personales (intra-personales) con los intereses de los demás (inter-personales) y otros aspectos del contexto vital (extra-personales), como la ciudad, el país o el medio ambiente, incluso Dios".[4]

El conocimiento solo no basta. Seguramente todos conocemos a expertos en relaciones sociales que tienen problemas con sus propias relaciones personales. Puede que sean pastores, consejeros o psicólogos que saben mucho sobre cómo debemos relacionarnos con los demás, pero tienen problemas a la hora de aplicar en forma práctica sus conocimientos sobre cómo mantener relaciones cercanas y duraderas. La sabiduría requiere tanto el conocimiento como la aplicación práctica de ese conocimiento, y va más allá de nosotros mismos hasta entrar en el ámbito de la preocupación por los demás.

Reconozco que esta manera de definir la sabiduría puede no satisfacer plenamente a creyentes, filósofos y a quienes

---

[3] Paul B. Baltes y Jacqui Smith, "The Psychology of Wisdom and Its Ontogenesis," en *Wisdom: Its Nature, Origins, and Development*, ed. Robert J. Sternberg (Cambridge: Cambridge University Press, 1990), 94.

[4] Robert J. Sternberg, "A Balance Theory of Wisdom," en *The Essential Sternberg*, ed. James C. Kaufman and Elena L. Grigorenko (New York: Springer, 2008), 354.

generalmente sospechan de la gente de ciencia, pero quedémonos aquí por un momento antes de pasar a una comprensión cristiana más matizada de la sabiduría.

Puesto que la ciencia implica criterios medibles, no basta simplemente con definir la sabiduría como el conocimiento experto en la práctica fundamental de la vida. Necesitamos algo más específico y que se pueda medir. Los investigadores del Proyecto Sabiduría de Berlín definieron y probaron cinco criterios que encajaban en su definición: conocimiento objetivo, conocimiento procedimental, contextualización a lo largo de la vida, relativización de valores y cómo gestionar la incertidumbre"[5]. Los dos primeros, el conocimiento objetivo y el procedimental, se consideran criterios básicos porque reflejan el conocimiento necesario para la sabiduría, pero que no bastan por sí mismos. Los tres criterios restantes se refieren a la aplicación práctica del conocimiento a una situación concreta.

Podemos ilustrar estos cinco criterios con una anécdota banal, aunque la banalidad de la anécdota no se verá hasta el final. Hace bastantes años, nuestra gata Frisky, se escapó cuando acordamos quedarnos unos días con un perro. La "dueña" de Frisky era mi hija Sarah, aunque es cuestionable pensar que un gato pueda realmente tener dueño. Pensamos que Frisky simplemente estaba en el bosque cercano a nuestra casa y que regresaría después de los tres días en los que teníamos que cuidar del perro, pero no lo hizo. Después de diez días, al volver del trabajo, Lisa me dijo que había visto a Frisky muerta en la cuneta cuando volvía a casa desde la escuela de posgrado.

El primer componente de la sabiduría es el *conocimiento objetivo*. Mientras desconocíamos el paradero de Frisky, no había muchas posibilidades de avanzar hacia la sabiduría. Pero ahora, con lo que Lisa había contado, conocíamos los hechos y necesitábamos saber cómo actuar con sabiduría. La querida gata de nuestra hija estaba muerta y ella no lo sabía.

El siguiente componente de la sabiduría es el *conocimiento procedimental*. Cuando ocurre X, lo mejor que se puede hacer es Y.

---

[5] Paul B. Baltes *y otros*, "People Nominated as Wise: A Comparative Study of Wisdom-Related Knowledge," *Psychology and Aging* 10 (1995): 155–66.

El conocimiento procedimental se consigue con el tiempo y la experiencia. Como crecí en una granja donde nunca hubiéramos pensado tener una mascota doméstica, no tenía ni idea sobre cómo actuar cuando se te muere tu mascota. Lisa, que se crio con uno o más perros en su casa, sabía mucho más al respecto. Ella me ayudó a comprender que lo mejor que se puede hacer cuando se te muere tu mascota en la carretera es traerla a casa y enterrarla. Así que, en aquella lluviosa tarde de otoño, después de que nuestras tres hijas estuvieran ya acostadas, Lisa y yo fuimos a buscar a Frisky, pusimos su cuerpo en una caja de cartón, cavamos un agujero debajo de un gran abeto Douglas y la enterramos. Seguramente, alguien dirá que el mejor conocimiento procedimental habría sido enseñarle a Sarah el cadáver de Frisky y dejar que lo tuviera en sus manos una vez más antes de enterrarlo, aunque en este caso no habría sido posible, porque Frisky no estaba muy presentable, y ni siquiera era claramente reconocible debido a que había empezado a corromperse —lo que será relevante más adelante.

En aquel momento, Sarah estaba en preescolar y era (y siempre ha sido) muy sensible, al ver el dolor ajeno sufre profundamente. Sabíamos que contarle lo de Frisky la afectaría muchísimo. También sabíamos que esta no sería la última vez que ella tendría que sufrir la pérdida y el dolor. Otro componente de la sabiduría es la *contextualización a lo largo de la vida*, que es reconocer que cada uno de nosotros vive su historia con un pasado, un presente y un futuro. En aquel momento no teníamos ni idea de que Sarah un día tendría que enfrentarse al fracaso involuntario de nueve años de matrimonio con dos niños pequeños en casa. Lo único que sabíamos era que la muerte de Frisky sería una gran pérdida y que más pérdidas vendrían después. Teníamos que decírselo.

El cuarto criterio para la sabiduría es la *relativización de valores*. No es pluralismo indiscriminado, sino saber que las decisiones más difíciles implican valores que compiten entre sí. En nuestro caso, nos hubiera gustado que Sarah no sufriera, lo que para unos padres es un valor a tener en cuenta. Los padres a menudo soportan dificultades por el bien de sus hijos. Al mismo tiempo, nos importa ser honestos y creemos que es importante hablar abierta y sinceramente con nuestros hijos. Esos valores rivalizaban, pero

Lisa y yo sabíamos que era mejor que Sarah supiera lo que le había pasado a Frisky y permitirle sufrir su pena. Nos sentamos a ambos lados de su cama mientras le contábamos lo que había pasado, y luego cada uno de nosotros la asió de una mano o le pusimos la nuestra sobre el hombro mientras ella sollozaba y se retorcía de pena.

Cuadro 1.1
Sabiduría científica en acción

Veamos un caso procedente de la psicología de la sabiduría: una niña de catorce años quiere casarse. ¿Cuál es tu opinión y qué le dices?

Seguramente tienes el impulso de soltar un fuerte "¡NO!", pero espera un momento. Vamos a considerarlo basándonos en los cinco criterios de la sabiduría según del Proyecto sabiduría de Berlín.

Conocimiento objetivo
Queremos saber algo sobre la chica. ¿Vive ella en nuestro tiempo? ¿Cuál es su origen cultural? Si es una niña de Nazaret que vivió hace unos dos mil años, es posible que lo veamos de diferente manera que si se tratara de una niña de Boston en el siglo XXI.

Conocimiento procedimental
¿Qué motivaciones tiene esta chica para casarse? ¿De cuánto tiempo dispone para tomar la decisión? ¿Vive en un tiempo y lugar en los que el matrimonio tiene más que ver con una función que con el amor, y si se trata de amor, quiere a la persona con la que está pensando casarse? ¿Hay en su vida tutores sabios que la ayuden a tomar una decisión así, o puede ella decidir por sí misma?

Contextualización a lo largo de la vida
¿Hay alguna razón por la que esté tratando de escapar de su situación cotidiana, tal como un hogar en el que se abusa de ella, o porque vive en la pobreza? ¿Le ayudará el matrimonio a superar las difíciles circunstancias de su vida, o simplemente las agravará?

Relativización de valores
¿Qué prioridades tiene para casarse? ¿Cómo encajan sus prioridades personales con el bien social más amplio? ¿Qué clase de valores universales relacionados con el bien propio, el de los demás y el de la sociedad han de tenerse en cuenta?

Gestión de la incertidumbre

¿Está preparada la niña para hacer frente a la incertidumbre de su futuro? ¿Estás preparado, como consejero, para hacerlo tú? ¿Cómo puede ella prepararse para un futuro incierto sea cual sea la decisión que tome, se case o no?

El último criterio es *cómo gestionar la incertidumbre*. La sabiduría requiere que dejemos a veces de buscar respuestas para enfrentarnos a las contradicciones, los misterios y las dimensiones desconocidas de la vida. En los días siguientes, Sarah ciertamente se enfrentó a su parte de incertidumbre y, consecuentemente, Lisa y yo también lo hicimos.

Varios días después de enterrar a la gata, Lisa y yo estábamos jugando a las cartas con unos amigos en el salón cuando nuestra hija más pequeña, Megan Anna, entró en la habitación y pronunció: "¡Mamá, papá, Frisky ha vuelto!". Le aseguramos que Frisky estaba muerta y que no podía regresar, pero ante su reiterada insistencia salimos al porche trasero y, efectivamente, allí estaba Frisky, más delgada que de costumbre, pero definitivamente era Frisky. Todo indica que enterramos al gato muerto de otra persona.

La conclusión feliz es por lo que dije que se trataba de una anécdota banal, pero la vida consiste en centenares de anécdotas como esta, unas acaban felizmente y otras no. Aquí, en medio de las anécdotas de la vida, nos esforzamos por encontrar conocimientos especializados en las prácticas fundamentales de la misma mientras vamos creciendo para alcanzar la sabiduría.

Queda mucho más que podemos hablar sobre la psicología de la sabiduría, pero antes merece la pena ver lo que el cristianismo tiene que decir sobre el asunto. Si vamos a redimir la sabiduría, tal cosa implica apreciar la psicología de la sabiduría y ver cómo la fe enriquece la idea que tenemos de ella.

UNA VISIÓN CRISTIANA DE LA SABIDURÍA

Después de que Paul me convenciera de que la psicología de la sabiduría existe, comenzamos a planificar su tesis, tarea que contó con una beca de la Fundación John Templeton. Algunos colaboradores y yo acabábamos de recibir fondos para promocionar la psicología positiva en la iglesia que incluían la financiación de cinco tesis doctorales. Paul y yo imaginamos una iglesia local ideal para su proyecto y luego organizamos una reunión con varios líderes de iglesias en un restaurante subterráneo cercano. El restaurante Subterra no es uno de esos restaurantes donde se celebran reuniones clandestinas, pero está literalmente bajo tierra. Es uno de los mejores lugares para conversar en grupo, y se come bien, en nuestra pequeña ciudad de Newberg, Oregón.

Después de una conversación inicial, Paul descartó la definición de sabiduría que he enunciado antes: "La sabiduría es el conocimiento experto en la práctica fundamental de la vida". Tras sus palabras hubo un silencio que parecía difícil de interpretar. Entonces comenzaron las preguntas. ¿Ha de estar la sabiduría tan estrechamente ligada al conocimiento? ¿Se está prescindiendo aquí de la experiencia? ¿Podemos definir correctamente la sabiduría en tales términos no relacionales? ¿Qué decimos de un encuentro con el Dios vivo? Acabábamos de iniciar una conversación animada e importante.

Gregg Koskela, el pastor principal de la Iglesia Newberg Friends, aportó otro punto de vista sobre la sabiduría profundamente fundamentado en una cosmovisión cristiana: "La sabiduría proviene de la historia de prácticas individuales y colectivas que llevan a tomar decisiones de acuerdo al carácter de Cristo". Vista así, la sabiduría es relacional, espiritual, y se desarrolla durante años de práctica. Evoca esa idea tan repetida en las Escrituras de que el temor de Dios es el principio de la sabiduría.

Ten en cuenta que la definición científica que Paul y yo dimos, y la definición de la sabiduría de Gregg basada en la fe, no son contradictorias. Las palabras de Gregg nos dicen cómo se desarrolla la sabiduría, mientras que nuestra definición científica describe su resultado. La ciencia y la fe pueden cooperar aquí y ambas pueden enriquecer la idea que tenemos de la sabiduría.

Paul y yo nos comprometimos con su proyecto de sabiduría en la iglesia que Gregg pastoreaba. Compartiré nuestros resultados más adelante, pero antes debo mencionar algo que aprendimos de Mary Kate Morse, profesora del Seminario George Fox y miembro del comité de la tesis de Paul.

El doctorado de Morse en liderazgo organizacional implicaba escribir su tesis sobre la sabiduría, por lo que parecía natural incluirla en el comité. En el proceso de revisar la tesis de Paul, ella nos habló de una distinción que los teólogos hacen entre la sabiduría convencional y la sabiduría *crítica*. Paul tiene un *master* en teología, por lo que estaba de alguna manera familiarizado con el asunto. Me encanta la teología, pero como no tengo una formación formal en la materia, nunca había oído hablar de esta diferencia entre la sabiduría convencional y la crítica. Paul y yo leímos la tesis (larga pero muy buena) de Morse y aprendimos mucho en el proceso.

Cuadro 1.2
La sorprendente sabiduría de Jesús

Jesús no enseñó su sabiduría desde un trono, como lo hizo el rey Salomón en el Antiguo Testamento. En cambio, la sabiduría de Jesús pone al descubierto los caminos sorpresivos y misteriosos del irresistible amor de Dios (1 Co 2:7). En lugar de venir como un gobernante triunfante, Jesús —Dios encarnado— vino como un recién nacido alumbrado en un establo maloliente.

Este es el sorprendente Jesús que cambió el mundo para siempre. Todos esperaban un Mesías poderoso políticamente y se les dio un carpintero y predicador itinerante que vivía en las condiciones más humildes y que, finalmente, se humilló al punto de morir crucificado (Fil 2: 5–11).

A lo largo del Nuevo Testamento, vemos la sorprendente sabiduría de Jesús al enfrentarse a los prejuicios imperantes. Su sabiduría era arriesgada, al sacudir los prejuicios tradicionales y enfrentarse a los líderes religiosos de su época. Y cuando aquella sabiduría polémica llevó a su final natural y los líderes del momento arrestaron a Jesús en el huerto, Jesús curó la oreja de su acusador que Pedro le había cortado.

Según el título del libro de Henri Nouwen (2007), está "el camino desinteresado de Cristo: la movilidad descendente y la vida espiritual". *

Sanando el sábado
Enseñaba Jesús en una sinagoga en sábado, y había allí una mujer que desde hacía dieciocho años tenía espíritu de enfermedad, y andaba encorvada y en ninguna manera se podía enderezar. Cuando

Jesús la vio, la llamó y le dijo: "«Mujer, eres libre de tu enfermedad». Puso las manos sobre ella, y ella se enderezó al momento y glorificaba a Dios. Pero el alto dignatario de la sinagoga, enojado de que Jesús hubiera sanado en sábado, dijo a la gente:

«Seis días hay en que se debe trabajar; en estos, pues, venid y sed sanados, y no en sábado»" (Lc 13:10–14).

Enseñando paradojas
"Bienaventurados seréis cuando los hombres os odien, os aparten de sí, os insulten y desechen vuestro nombre como malo por causa del Hijo del Hombre.
Gozaos en aquel día y alegraos, porque vuestra recompensa es grande en los cielos, porque así hacían sus padres con los profetas" (Lc 6:22–23).

Mezclándose con pecadores
"Aconteció que estando Jesús a la mesa en casa de él, muchos publicanos y pecadores estaban también a la mesa juntamente con Jesús y sus discípulos, porque eran muchos los que lo habían seguido. Los escribas y los fariseos, viéndolo comer con los publicanos y con los pecadores, dijeron a los discípulos:

«¿Qué es esto, que él come y bebe con los publicanos y pecadores?» Al oír esto Jesús, les dijo: «Los sanos no tienen necesidad de médico, sino los enfermos. No he venido a llamar a justos, sino a pecadores" (Mr 2:15-17).

Rozando el sacrilegio
"Por tanto, si traes tu ofrenda al altar y allí te acuerdas de que tu hermano tiene algo contra ti, deja allí tu ofrenda delante del altar y ve, reconcíliate primero con tu hermano, y entonces vuelve y presenta tu ofrenda" (Mt 5:23–24).

Me encanta que Jesús me sorprenda. Su sabiduría da un vuelco a las cosas con el fin de recordarnos cómo se ama a Dios y al prójimo, y cuán profundamente nos ama Dios.

* Henri J. M. Nouwen, *The Selfless Way of Christ: Downward Mobility and the Spiritual Life* (London: Orbis, 2007).

La sabiduría convencional es más bien una guía del sentido común para vivir una vida correcta. En muchos aspectos, se parece bastante a los puntos de vista científicos sobre la sabiduría de los que hemos hablado antes en este capítulo: el conocimiento experto en la práctica fundamental de la vida. Si lees los proverbios del Antiguo Testamento, lo que lees es en su mayoría sabiduría convencional.

Pero todos sabemos que, en ocasiones, la sabiduría convencional hay que cuestionarla y reconsiderarla. Jesús fue un radical al cuestionar muchas de las reglas religiosas de su época. Los devotos líderes religiosos habían establecido su propia sabiduría, y Jesús desafió a muchos de ellos, llegando incluso a ser condenado a muerte por blasfemo. En su Sermón del Monte, Jesús repitió: "Oísteis que fue dicho... pero yo os digo...". Él sacudió su entorno.

Según cuenta el Evangelio, parece que Jesús obró más sanidades en sábado que en cualquier otro día. Me pregunto por qué. ¿Puede que uno de sus motivos fuera para que la gente reconsiderara lo que se tenía por sabiduría en su día —una sabiduría esclerotizada que había conducido a establecer reglas rígidas y opresivas? Tal vez Jesús quería confundir la idea que tenía la gente sobre la vida virtuosa.

En la Biblia se encuentra también un segundo tipo de sabiduría, la sabiduría crítica, especialmente en Eclesiastés, Job y en la vida de Jesús. La sabiduría crítica va con frecuencia a contracorriente, siempre discerniendo y, a veces, misteriosa. La gente que tiene sabiduría crítica piensa de otra manera, pero no solo por el simple hecho de ir a contracorriente; piensan de manera diferente debido a un profundo compromiso con la justicia y la bondad. Es difícil entender este tipo de sabiduría con palabras, y ciertamente no cabe en simples refranes sobre cómo vivir una vida buena.

Lee el poema sapiencial en Job 28, en el que Job reflexiona sobre los profundos misterios de la sabiduría, tan escurridizos e intangibles:

¿De dónde, pues, procede la sabiduría
    y dónde se encuentra el lugar de la inteligencia?
¡Encubierta está a los ojos de todo viviente,
    y a toda ave del cielo le es oculta!
El Abadón y la muerte dicen:
    "Su fama ha llegado hasta nuestros oídos".

Dios es quien conoce el camino de ella
   y sabe dónde está su lugar,
porque él observa hasta los confines de la tierra
   y ve cuanto hay bajo los cielos.
Al darle peso al viento
   y fijar la medida de las aguas;
al darle ley a la lluvia
   y camino al relámpago de los truenos,
ya entonces la vio él y la puso de manifiesto,
   la preparó y también la escudriñó.
Y dijo al hombre:
"El temor del Señor es la sabiduría,
   y el apartarse del mal, la inteligencia".

Job 28:20–28

Medita sobre la sabiduría paradójica del libro de Eclesiastés, donde el autor comienza con la impactante y sombría declaración de que "todo es vanidad" (1:2), y sigue con doce capítulos llenos de ironías y dudas. Curiosamente, el autor concluye con la misma conclusión que Job: "Teme a Dios y guarda sus mandamientos" (12:13).

A riesgo de incurrir en herejía, he aquí hay algunos versículos bíblicos inventados para ilustrar la diferencia entre la sabiduría convencional y la crítica.

Sabiendo lo que sabemos hoy sobre los efectos de los antioxidantes en la salud y el sabor del chocolate negro, podríamos imaginarnos un proverbio que dijera: "Come chocolate negro, porque es bueno". Siendo realistas, puede que queramos agregar una cláusula al final: "Come chocolate negro, porque es bueno. Pero no comas demasiado". Podemos imaginar un versículo como este en los proverbios bíblicos, porque suena a sentido común, ayudándonos a navegar por la vida práctica. Esto es sabiduría convencional.

Ahora piensa en lo que Jesús podría decir si estuviera hablando del chocolate negro. Puedo imaginar lo que diría sobre esto en su Sermón del Monte: "Habéis oído lo que dice el proverbio «Comed chocolate negro», pero yo os digo que es mejor no comer ninguna clase de chocolate, antes que comer un chocolate que contribuye a la opresión humana»". En este caso, Jesús estaría respaldando la sabiduría convencional (sigue siendo bueno comer chocolate negro por razones de salud y disfrutar de las buenas cosas de la vida), pero al mismo tiempo, Jesús estaría atacando la mentalidad cultural de este tiempo, siendo claramente consciente y estando profundamente preocupado por los abusos humanos cometidos con la excusa de suministrar chocolate barato a los países industrializados.[6]

El profeta Isaías habló de la perspicaz sabiduría de Jesús siglos antes de que apareciera envuelto en pañales, y aunque no dice nada del comercio de chocolate de la actualidad, ciertamente está implícito.

> Y reposará sobre él el Espíritu de Jehová:
> espíritu de sabiduría y de inteligencia,
> espíritu de consejo y de poder,
> espíritu de conocimiento y de temor de Jehová.
> Y le hará entender diligente en el temor de Jehová.
> No juzgará según la vista de sus ojos
> ni resolverá por lo que oigan sus oídos,
> sino que juzgará con justicia a los pobres
> y resolverá con equidad a favor de los mansos de la tierra.
> Herirá la tierra con la vara de su boca
> y con el espíritu de sus labios matará al impío.
> Y será la justicia cinto de sus caderas,
> y la fidelidad ceñirá su cintura (Is 11:2–5).

Jesús, la imagen perfecta de Dios, es el maestro de la sabiduría crítica. Él no vino para abolir la sabiduría convencional, sino para dinamizarla, para desarrollar los dos mayores mandamientos, amar a Dios y amar al prójimo como a uno mismo, para recordarnos el profundo misterio de la vida, para hacer que volvamos a la reverencia y al temor de Dios cuando tan fácilmente nos conformamos con una religión hecha de creencias conceptuales y listas de normas de conducta que nos hacen sentir más santos que los demás.

---

[6] Ver, p.e., "Tracing the Bitter Truth of Chocolate and Child Labour," *Panorama*, última actualización 24 de marzo de 2010, BBC, news.bbc.co.uk/panorama/hi/front _page/ newsid_8583000/8583499.stm.

Si queremos llegar a ser sabios, tenemos que estar dispuestos a plantar cara a las corrientes sociales, pero no por ser inconformistas o señalarnos como antisistemas. Se trata de tener el valor moral para hacer lo correcto, amar la misericordia y caminar humildemente con Dios (Miq 6:8), incluso cuando tal cosa signifique cuestionar las prácticas vigentes del momento, como comprar chocolate barato.

EL *TELOS* DE LA SABIDURÍA

Podemos ver un ejemplo de sabiduría crítica analizando la idea del *telos* en una época en la que el concepto se ha perdido en gran medida. *Telos* es una palabra griega que hace referencia a un propósito u objetivo final, la visión plena de nuestras capacidades morales y físicas, intenciones y competencias. Si pudiéramos imaginar a un ser humano perfecto viviendo una vida próspera y abundante, eso sería *telos*. La tendencia es equiparar la plenitud con la opinión popular, la notoriedad o el éxito financiero, pero tales cosas no sirven para entender el *telos*.

Tiene más que ver con encontrar el fin natural y predeterminado de lo que significa ser plenamente humano. Una bellota al convertirse en un majestuoso roble encuentra su *telos*, y un ser humano puede llegar a ser una persona plenamente funcional, mostrando para qué sirven los seres humanos. Para los cristianos, el ejemplo perfecto de *telos* es Jesús.

Cuesta bastante mantener el *telos* definido en medio de una sociedad consumista. Al iniciar mi carrera, critiqué a algunos amigos míos mayores que parecían estar pensando y hablando siempre de la Bolsa. Me parecía cansino frente a mi deseo de cambiar el mundo. Pero ahora, al acercarse mi propio retiro y haber abandonado la esperanza de cambiar demasiado el mundo, me encuentro mirando los saldos de los planes de jubilación y si sube la Bolsa, preguntándome qué tipo de seguridad financiera nos espera. La humilde verdad es que tiendo a hacer lo que la gente de nuestros días hace: pensar en el dinero como mi fuente de seguridad en el futuro y en la vida. Entonces recuerdo las palabras de Santiago: "¡Vamos ahora!, los que decís: «Hoy y mañana iremos a tal ciudad, estaremos allá un año, negociaremos y ganaremos», cuando no sabéis lo que será mañana. Pues ¿qué es vuestra vida?

Ciertamente es neblina que se aparece por un poco de tiempo y luego se desvanece" (St 4:13–14). ¿Y si la subida de la Bolsa pasara a un segundo plano y me concentrara en avanzar hacia el cumplimiento de mi *telos* el tiempo que me queda? Me pregunto cómo sería crecer un 6% cada año hacia la vida plenamente avivada y abundante a la que Jesús me llama.

La virtud requiere una visión de lo posible, repleta de una profunda comprensión de nuestros propósitos para la vida, seguida del movimiento hacia ese *telos*. Tal vez deberíamos poner esto en nuestros informes trimestrales en lugar de lo que audazmente llamamos "valor neto".

En un mundo que busca dinero como su valor neto, asumimos que la sabiduría se encuentra en saber mucho de negocios, en la astucia, siendo competitivos cuando hace falta, y sabiendo cómo salir adelante. Pero la sabiduría en la economía de Dios se muestra de diferente manera. El libro de Santiago nos da una muestra de este contraste:

> No es esta la sabiduría que desciende de lo alto, sino que es terrenal, animal, diabólica, pues donde hay celos y rivalidad, allí hay perturbación y toda obra perversa. Pero la sabiduría que es de lo alto es primeramente pura, después pacífica, amable, benigna, llena de misericordia y de buenos frutos, sin incertidumbre ni hipocresía. Y el fruto de justicia se siembra en paz para aquellos que hacen la paz (St 3:15–18).

Aquí se muestra a una persona plenamente funcional, amante de la paz, amable, que encarna la humildad, llena de misericordia, que le gusta hacer el bien y no hace acepción de personas. Un *telos* así nos permite entender una visión cristiana de la sabiduría.

LA SABIDURÍA DE LA PSICOLOGÍA Y LA DE CRISTO, JUNTAS

El propósito de este libro, y de buena parte de mi carrera, es proponer una especie de cooperación entre la psicología y la iglesia. La psicología puede hablarnos sobre la sabiduría, pero tiene sus límites. El cristianismo esboza la profundidad de la sabiduría, pero aun así podemos beneficiarnos de la psicología para mantener humilde la fe.

Primero, piensa en algún límite de la psicología y por qué la fe cristiana puede ser de ayuda. La ciencia necesita moderación. Los científicos tomamos un sujeto complicado y lo aislamos para que quede prístino y lo podamos medir. Desgraciadamente, en el proceso a veces cambiamos el sujeto que nos propusimos estudiar primero. Si tomamos algo tan complejo como la sabiduría y eliminamos todos los "contaminantes" religiosos y espirituales de modo que podamos medirla de modo efectivo con personas que pueden ser o no religiosas, ¿será lo que resulte algo que ya no se parezca a la sabiduría en la comunidad de fe? Me temo que también hayamos hecho esto con el perdón, pero dejaré esto para otro capítulo más adelante. La ciencia necesita a la fe para recordarnos por qué esos sujetos que estudiamos son significativos e importantes y para no perder de vista sus ricos matices. En ninguna parte de la literatura científica encuentro que se haga mención de la sabiduría convencional y crítica, sin embargo, parece muy importante para entender plenamente cualquier cosa.

Pero la fe sola también tiene sus límites. Mucho se dice sobre la sabiduría en las Escrituras y a lo largo de los siglos de pensamiento cristiano, pero parte de ella hay que someterla a prueba para no dar simplemente por bueno lo que se nos ha enseñado sin una evaluación crítica. Así como el apóstol Pablo sugirió que las profecías deben ser probadas y analizadas (1 Ts 5:21), las enseñanzas de la iglesia serán mejores si se someten a examen. Por ejemplo, si preguntamos a diez creyentes que van a la iglesia si hay alguna relación entre la edad y la sabiduría, probablemente nueve, o los diez, nos dirán que la sabiduría aumenta con la edad. La Biblia no enseña de modo explícito tal cosa, pero ha llegado a formar parte de nuestra tradición sobre la sabiduría; y asumimos que aumenta con la experiencia en la vida. Resulta que la sabiduría no cambia tanto a lo largo de la vida como pensamos. Estudios realizados en Japón[7] y Alemania[8] muestran que la sabiduría se mantiene prácticamente constante después de los treinta años. En los Estados Unidos, la sabiduría continúa aumentando

---

[7] Igor Grossmann y otros, "Aging and Wisdom: Culture Matters," *Psychological Science* 23 (2012): 1059–66.

[8] Monisha Pasupathi, Ursula M. Staudinger, y Paul B. Baltes, "Seeds of Wisdom: Adolescents' Knowledge and Judgment about Difficult Life Problems," *Developmental Psychology* 23 (2004): 351–61.

a lo largo de la edad adulta, pero no es porque seamos más sabios que las personas de Japón o Alemania. Al contrario, los treinta años de promedio en Japón equivalen en sabiduría a la media de cincuenta y cinco años en los Estados Unidos.[9] ¿Será posible que la sabiduría se alcance antes en una cultura que reverencia a sus mayores? En los Estados Unidos tendemos a dar más valor a los jóvenes que a los mayores, y puede que el precio a pagar sea la locura juvenil.

El sorprendente descubrimiento de que la sabiduría no aumenta mucho con la edad en los adultos, al menos entre las muestras de alemanes y japoneses, se complementa con el descubrimiento de que aumenta de forma espectacular entre los trece y los veinticinco años. En psicología solemos hablar de ventanas críticas del desarrollo. Estas ventanas son épocas concretas de la vida en las que se producen cambios enormes. La mayoría de los niños aprenden a caminar en su segundo año de vida. También comienzan a decir palabras al mismo tiempo. Unos años más tarde, experimentan grandes cambios en su desarrollo cognitivo: comienzan a darse cuenta de que cuanto ocurre en la vida no está totalmente contenido y limitado en sus percepciones personales. Según la limitada investigación disponible, parece que las edades entre trece y veinticinco años constituyen una especie de ventana crítica para el desarrollo de la sabiduría.

LA SABIDURÍA VA A LA IGLESIA

A la luz de esta ventana crítica para el desarrollo de la sabiduría, mi alumno de doctorado Paul se propuso estudiar si un programa de *mentoring*[10] basado en la iglesia, promovería la sabiduría entre los jóvenes adultos, de edades entre dieciocho y veinticinco años. Comenzamos desarrollando un plan de estudios para ocho

---

[9] Grossmann y otros, "Aging and Wisdom."

[10] Al no existir una palabra en español que traduzca correctamente esta expresión inglesa y dado que forma ya parte del vocabulario de la formación profesional, mantenemos la palabra inglesa, a la vez que aportamos definición: "**Mentoring** es el ofrecimiento de consejos, información o guía que hace una persona que tiene experiencia y habilidades en beneficio del desarrollo personal y profesional de otra persona. HARVARD BUSINESS ESSENTIALS".N.T.

reuniones de tutoría en grupos pequeños. Para que el proyecto fuera efectivo, tenía que ser un proceso de colaboración, involucrando tanto a Paul como a mí mismo como científicos sociales, así como a los líderes de la iglesia.

¿Recuerdas la definición de sabiduría que dio el pastor Gregg en nuestra comida de trabajo? *La sabiduría proviene de la historia de prácticas individuales y colectivas que llevan a tomar decisiones de acuerdo al carácter de Cristo.* Gregg desarrolló esto más adelante sugiriendo tres pasos que llevan a la sabiduría.

1. Experimentar a Dios a través de diversas prácticas espirituales (Escritura, oración, silencio).
2. Considerar la propia experiencia en el contexto de relaciones de confianza con otras personas que comparten valores fundamentales comunes (charlas en grupos pequeños con líderes y compañeros).
3. Entender, adaptar y apropiarse de los valores y prácticas que han venido a ser parte vital de una comunidad cristiana concreta (discernir qué se opina de la sabiduría en ese contexto).

Paul y yo comenzamos con la idea que Gregg tenía de la sabiduría, la complementamos con la noción teológica de sabiduría crítica discutida anteriormente y desarrollamos el primer borrador de un plan de estudios de *mentoring* sobre la sabiduría. Luego, buscamos la opinión de un joven adulto graduado del seminario que nos ayudó a refinarlo y darle forma. Después Gregg hizo algunas sugerencias y preparó las prácticas de sabiduría a realizar entre reuniones. Al terminar el programa, todos estábamos seguros de que algo especial iba a suceder en estos grupos de mentores de sabiduría.

Cada una de las sesiones tenía un formato parecido. Primero, comenzábamos con un breve pensamiento devocional sobre un pasaje particular de las Escrituras. Seguidamente, planteamos una situación vital desafiante, algo que fuera válido para adultos jóvenes. Por ejemplo:

> A una amiga tuya le han diagnosticado un cáncer grave que va a demandar un tratamiento difícil con un resultado imprevisible. Quieres mantener la esperanza y alentar a tu amiga, pero

interiormente estás preocupado y triste. Tu amiga dice que el cáncer plantea problemas a su fe. Ella se pregunta cómo un Dios poderoso y amante puede permitir una cosa así. Tú también has estado pensándolo y no estás seguro de cómo responder a las preguntas que tu amiga se plantea sobre la fe.

Tras un breve debate en grupo, había un tiempo de meditación y reflexión. Se consultaban otras Escrituras, sentados en silencio, escuchaban respetuosamente a Dios y los unos a los otros, sin apresurarse a encontrar la solución al problema. Después, los participantes hablaban de lo que habían aprendido acerca de la sabiduría al considerar esa difícil situación vital con las Escrituras y la discusión en grupo. La pregunta final de cada semana era más o menos: "¿Cómo puede serte útil el debate de hoy respecto de otras situaciones vitales a las que te enfrentas?" Después se asignaron varias prácticas de sabiduría que había que realizar antes de la siguiente reunión de grupo.

Una de las partes más importantes fue la selección de mentores experimentados. Gregg se encargó de esta tarea, y lo hizo excelentemente. Las mujeres y los hombres que seleccionó como mentores experimentados eran seguidores de Jesús amables, espirituales y apacibles. Paul y yo tuvimos con ellos varias reuniones de capacitación, de planificación y para compartir información, y siempre me sentí enriquecido con su participación.

Hasta aquí esto suena a ministerio, pero recuerda que el objetivo era emparejar la psicología y el ministerio, así que hicimos lo que hacen los científicos sociales: formamos un grupo comparativo, seleccionamos una serie de medidas a administrar antes y después del programa de *mentoring* de sabiduría, y luego, unas semanas después de la conclusión de los grupos, entrevistamos a los participantes para que nos aportaran sus impresiones.

Nuestro grupo comparativo estaba compuesto por estudiantes de pregrado de aproximadamente la misma edad, que vivían en la misma comunidad donde realizamos el *mentoring* de sabiduría. Funcionó bastante bien porque la mayoría de los miembros del grupo de sabiduría eran también estudiantes universitarios. Hicimos una serie de encuestas al principio y al final del estudio y también pedimos a los mentores un informe sobre cada uno de los miembros del grupo.

El programa de *mentoring* duró doce semanas, con seis reuniones en semanas alternas. Lo ideal habría sido tener más tiempo para el *mentoring*, cuesta imaginar que en seis reuniones se produzca un gran aumento de la sabiduría. Aun así, encontramos algunas diferencias interesantes entre el grupo de sabiduría y el grupo comparativo.

Observamos un aumento general en la satisfacción con la vida en el grupo de sabiduría, pero no en el grupo comparativo (ver figura 1.1).[11] Esto puede significar que el *mentoring* de sabiduría aumenta la satisfacción con la vida, o también que cualquier tipo de reunión en grupos pequeños de más de doce semanas puede que aumente el nivel de satisfacción con la vida. Pero aun así, hay algo particular sobre el grupo que promovió sabiduría. Ten en cuenta que la puntuación de la sabiduría del *Cuestionario de la escala* secundaria de *Sabiduría práctica del pensamiento actuación inteligente* aumentaba con el tiempo para el grupo de *mentoring* de sabiduría, pero no para el grupo comparativo (figura 1.2).[12]

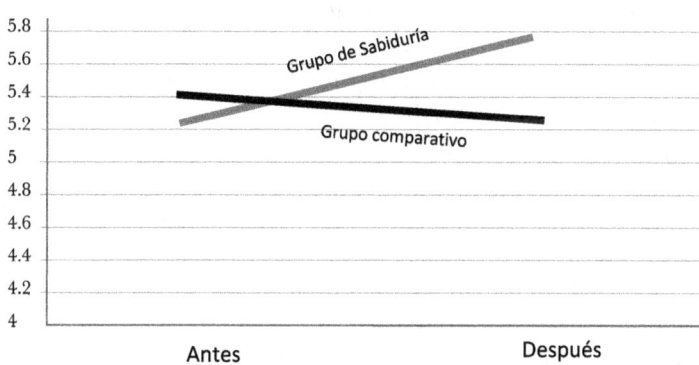

La satisfacción con la vida se midió con el *Nivel de Satisfacción con la Vida*: 5. La gráfica muestra un efecto de interacción significativo, con participantes en el grupo de sabiduría que aumentan más que los del grupo comparativo. Ver Ed Diener y otros, "The Satisfaction with Life Scale", Journal of Personality Assessment 49 (1985): 71-75.

Figura 1.1 Satisfacción con la vida

---

[11] Ed Diener, Robert Emmons, Randy Larsen, y Sharon Griffin, "The Satisfaction with Life Scale," *Journal of Personality Assessment* 49 (1985): 71-75.

[12] Katherine J. Bangen, Thomas W. Meeks, y Dilip V. Jeste, "Defining and Assessing Wisdom: A Review of the Literature," *American Journal of Geriatric Psychiatry* 21 (2013): 1254-66.

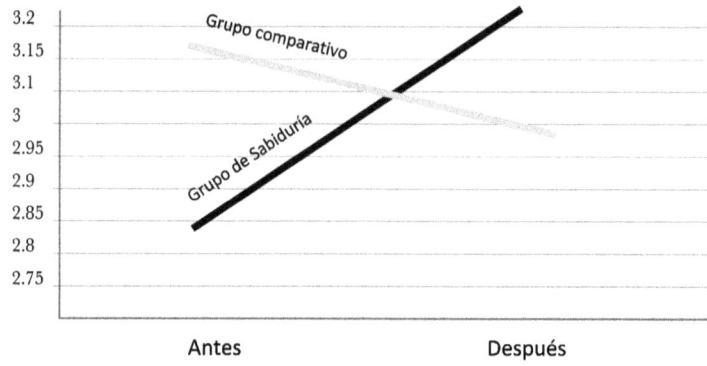

La sabiduría práctica se midió con el *Cuestionario de Sub-escala* de *Sabiduría Práctica del Pensamiento y Actuación Inteligente*. La gráfica muestra un efecto de interacción significativo, con participantes del grupo de sabiduría que aumentan más que los del grupo comparativo. Para más detalles ver Katherine J. Bangen, Thomas W. Meeks, y Dilip V. Jeste, "Defining and Assessing Wisdom: A Review of the Literature," American Journal of Geriatric Psychiatry 21 (2013): 1254–66.

Figura 1.2 Sabiduría práctica

Los del grupo de sabiduría tenían más conciencia espiritual diaria que los del grupo comparativo, tanto antes como después del *mentoring* de sabiduría (figura 1.3).[13] Además, en cuanto a experiencias espirituales diarias, el grupo de sabiduría mostró una mayor tendencia estadística creciente que el grupo comparativo.

Quizás el descubrimiento más importante tiene que ver con lo que se llama "pensamiento post-formal", que es la capacidad de pensar temas complejos de manera flexible. En lugar de llegar a conclusiones simples y limitadas por las reglas, el pensamiento post-formal exige matizar y entender la complejidad de las situaciones. La sabiduría crítica de Jesús, de la que hablamos anteriormente, es un excelente ejemplo de pensamiento post-formal. Del mismo modo, el ejemplo de una niña de catorce años que quiere casarse (ver el cuadro 1.1) requiere un pensamiento post-formal complejo en vez de reaccionar con un "No" inmediato.

---

[13] Lynn G. Underwood y Jeanne A. Teresi, "The Daily Spiritual Experience Scale: Development, Theoretical Description, Reliability, Exploratory Factor Analysis, and Preliminary Construct Validity Using Health-Related Data," *Annals of Behavioral Medicine* 24 (2002): 22–33.

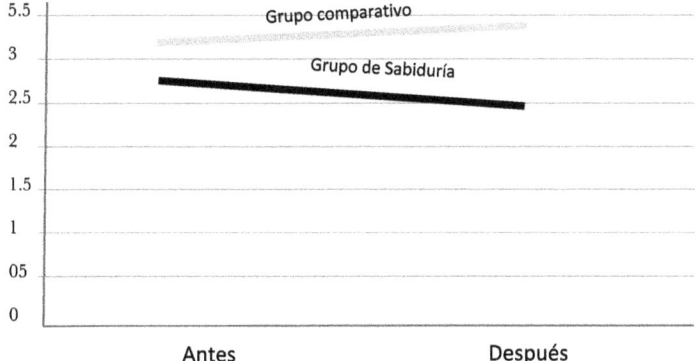

Las experiencias espirituales diarias se midieron con el *Nivel de Experiencias Espirituales Diarias*. Las puntuaciones más bajas reflejan una mayor conciencia en experiencias espirituales. El grupo de sabiduría informó de más experiencias espirituales que el grupo comparativo antes y después de los grupos de edad de sabiduría, y el grupo de sabiduría también mostró una tendencia a tener más experiencias espirituales que el grupo comparativo. Ver Lynn G. Underwood y Jeanne A. Teresi, "The Daily Spiritual Experience Scale: Development, Theoretical Description, Reliability, Exploratory Factor Analysis, and Preliminary Construct Validity Using Health-Related Data," Annals of Behavioral Medicine 24 (2002): 22–33.

Figura 1.3 Experiencias espirituales diarias

Dos de las tres escalas secundarias en nuestra medida de pensamiento post-formal mostraron cambios significativos en el curso del *mentoring* de sabiduría (ver figura 1.4).[14] Estos jóvenes adultos aprendieron a pensar de manera más compleja y matizada.

También entrevistamos a los participantes varias semanas después de la conclusión del *mentoring* de sabiduría. Muchos participantes hablaron de cómo habían aprendido a afrontar la complejidad de las situaciones de la vida a medida que crecían en sabiduría. Resaltaron las oportunidades que habían tenido de ver la sabiduría en sus mentores y practicarla en sus grupos. Una joven se expresó así:

> Lo que realmente me gusta de nuestro estudio sobre la sabiduría es que no nos limitamos a sentarnos intentando debatir: "la sabiduría es tal o cual cosa". Es más bien [...] experimentarla

---

[14] Kelly B. Cartwright y otros, "Reliability and Validity of the Complex Post-formal Thought Questionnaire: Assessing Adults' Cognitive Development," *Journal of Adult Development* 16 (2009): 183–89.

[...] ser parte del grupo es experimentarla, porque creo que una cosa que he aprendido sobre la sabiduría es que es algo que se adquiere estudiando de verdad la Palabra de Dios y también escuchando a los demás [...] Por eso creo que es una combinación de lo que la Palabra de Dios enseña y lo que el Espíritu Santo hace y cómo puede obrar en otros creyentes. Creo que eso fue algo de lo que saqué, me sentí realmente animada escuchando [...] lo que otras personas pensaban, dándome cuenta que la sabiduría [...] no tiene que ser algo abrumador [...] Ha sido más bien tener la oportunidad de sentarme y contemplar, teniendo unas buenas charlas que realmente creo me han ayudado a entender más.

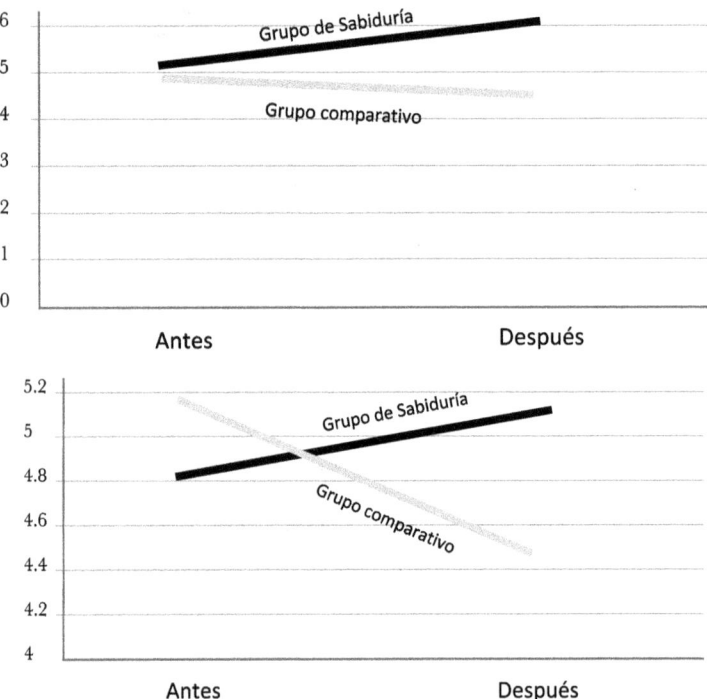

El gráfico superior muestra la capacidad de ver la complejidad subyacente en las situaciones de la vida. El gráfico inferior muestra la capacidad de reconocer que múltiples "lógicas" diferentes pueden ser aplicables en un problema complejo. Ambos se midieron con el *Cuestionario de Pensamiento Complejo Post-formal*. El grupo de sabiduría informó incrementos frente a la disminución en el grupo comparativo. Ver Kelly B. Cartwright y otros, "Reliability and Validity of the Complex Postformal Thought Questionnaire: Assessing Adults' Cognitive Development," Journal of Adult Development 16 (2009): 183–89.

Figura 1.4 Pensamiento post-formal

Como experto en ciencias sociales, este estudio me ha alentado de muchas maneras y me anima a estudiar más sobre la sabiduría en los próximos años. Como creyente, me ha bendecido profundamente. El *mentoring* de sabiduría en la iglesia funciona y podemos mostrar al menos algunos de sus efectos a través de la investigación científica. Esta cooperación entre la psicología y la iglesia es exactamente la clase de trabajo que promueve un diálogo significativo sobre la virtud en la sociedad actual.

REDIMIR LA SABIDURÍA

Como se explica en la introducción, el propósito de este libro es redimir la virtud de cuatro maneras: ayudando a los creyentes a entender lo que es la psicología positiva, entendiendo cómo el pensamiento cristiano puede mejorar la psicología positiva, animando a la iglesia a servirse de la psicología positiva como ciencia, e implicándola en la consejería cristiana. Veamos cada uno de estos puntos.

Aprender de la psicología positiva

Me encanta la psicología de la sabiduría, y espero que este capítulo también genere curiosidad en los demás. Una de las razones por las que me parece interesante como educador es que la labor educativa ha cambiado radicalmente a lo largo de mi carrera. Acostumbrábamos a resaltar el conocimiento, y ahora enseñamos sabiduría. O al menos lo intentamos.

Cuando hice mi doctorado en la Universidad Vanderbilt, en la década de 1980, pasé cientos de horas en la biblioteca de la universidad, leyendo y memorizando información para poder aprobar mis clases de psicología y bioquímica (cursé estudios de bioquímica en la facultad de medicina mientras completaba el doctorado en el departamento de psicología). Pasé mucho tiempo introduciendo información de memoria en mi córtex, repitiendo y estudiando para los exámenes. Una versión más actual de esa misma información está ahora a disposición de los estudiantes en diez segundos si mueven sus pulgares con la suficiente rapidez tecleando en sus *iPhones*. Para pasar el rato, calculé la cantidad de información existente en la biblioteca Vanderbilt cuando estudiaba allí, y descubrí que toda la información de una impresionante biblioteca universitaria de investigación cabe ahora en un disco duro que puedes comprar por 99 dólares en Amazon.com.

Hace poco comencé a dar una charla sobre sabiduría en la capilla de la Universidad de Le Tourneau, mostrándoles a los estudiantes una imagen de verticilosis, un problema que Lisa y yo tuvimos hace unos años en nuestro parterre de tomates. Los reté a sacar sus teléfonos y ver cuánto tardarían en descubrir si la verticilosis está causada por bacterias, hongos, insectos o por falta de agua. Para hacer una investigación así en la década de 1980, había que tomar una fotografía, pasar el rollo de película al laboratorio local para revelarla, ir a por las fotografías unos días más tarde y después pasar el día en la biblioteca buscando en libros de consulta sobre enfermedades de las plantas. Con suerte encontraríamos la imagen y diagnosticaríamos la enfermedad, pudiendo encontrar otros libros donde descubrir qué tipo de problema es y la mejor manera de tratarlo. Por supuesto, los alumnos de Le Tourneau son listos, y muchos de ellos estudian ingeniería, en treinta y dos segundos diagnosticaron correctamente la verticilosis como un hongo, enviaron sus respuestas a un sitio de votación en línea y vieron sus respuestas en la pantalla de la capilla. Hoy en día, el objetivo de la educación no es introducir mucha información en el cerebro, como en mis tiempos, sino discernir adecuadamente qué información es buena y valiosa y cuál no. Hoy se nos bombardea con información, pero, unas afirmaciones son más creíbles que otras. ¿Cómo sabemos la diferencia? Hoy se educa más en sabiduría y menos en conocimiento. Pero la sabiduría es tan antigua como la historia humana. Es fascinante sentarse donde se cruza lo muy viejo y lo muy nuevo y ver qué podemos aprender.

Como psicólogo, también la sabiduría me resulta fascinante, quizá porque la psicología me halaga. En varios estudios procedentes de Alemania el nivel de sabiduría de los psicólogos parece ser bastante alto. Los investigadores piensan que puede deberse a que son los psicólogos quienes hacen los estudios y de alguna manera condicionan la forma de evaluar la sabiduría. Pero con un grupo que no era de psicólogos, propuestos por otros como ejemplos de sabiduría, los psicólogos seguían mostrando más sabiduría.[15] No estoy seguro de por qué es así —tal vez por sentarse año

---

[15] Baltes y otros, "People Nominated as Wise."

tras año con personas que viven las más complejas situaciones vitales—, pero por alguna razón, la gente de mi profesión parece ser bastante sabia. Me ataca la curiosidad. ¿Por qué sucede esto? ¿Y en qué medida estamos aprovechando la sabiduría de los consejeros y psicólogos en nuestras congregaciones?

¿Qué puede aportar el pensamiento cristiano al estudio de la sabiduría?

Además de encontrar interesante la psicología de la sabiduría, también me resulta frustrante. Cuando los psicólogos positivos comenzaron a estudiar las virtudes hace un par de decenios, fueron a la literatura religiosa y espiritual para saber de las virtudes y las potencias del carácter y, sin embargo, la mayoría de los científicos sociales simplemente han ignorado lo que las principales religiones del mundo tienen que enseñarnos acerca de esas mismas virtudes.

El trabajo científico sobre la sabiduría es útil y fascinante, pero la idea más revolucionaria que he encontrado sobre la sabiduría es la diferenciación teológica entre la sabiduría convencional y la crítica. Esta diferenciación vino a ser el núcleo de nuestro programa de *mentoring* de sabiduría para la iglesia. Más exactamente, Jesús, el mayor ejemplo de sabiduría crítica de la historia, vino a ser el centro de atención de estos grupos. En Jesús vemos a alguien que muestra una increíble amabilidad y amor hacia los desfavorecidos, incluso cuando expresa su indignación por las injusticias de la religión institucionalizada. En el que puede ser el versículo fundamental de la Biblia, Juan describe a Jesús como lleno de gracia y de verdad (Jn 1:14). Es increíblemente amoroso, perdonador y misericordioso, y se mantiene firme ante la injusticia, la traición, la codicia y la opresión. Ser como Jesús, encarnando la sabiduría crítica, es nuestro *telos*.

La psicología de la sabiduría puede beneficiar a la iglesia

Quizás, lo más emocionante de la conferencia de Paul es que fue útil para la iglesia. Los jóvenes adultos aprendieron de los mentores de sabiduría, y se parecieron más a Jesús en el proceso. La iglesia también dio forma a un tipo de diálogo enriquecedor con la psicología que hace que las congregaciones sean relevantes en una época en la que se venera a la ciencia quizás en demasía.

En la reunión final con nuestros mentores de sabiduría, una de las preguntas que más me bendijo fue la que nos hizo un líder de un grupo de edad, que también era pastor administrador: ¿podían seguir usando el programa —preguntó el líder— una vez concluido el estudio? Qué bendición fue ver esta cooperación abierta entre la psicología y la iglesia, capaz de producir artículos académicos y libros a la vez que contribuye a la salud de los jóvenes cristianos. Todos ganan. Todos se esfuerzan por ser cada vez más entendidos.

La sabiduría en la consejería cristiana

Aunque no consideramos que los grupos de mentores en el estudio de Paul fueran consejeros, pienso que quienes vienen solicitando consejería están buscando ayuda porque se enfrentan a los mismos problemas que plantea la vida que expusimos a nuestros grupos de mentores. La gente acude en busca de ayuda porque se enfrenta a circunstancias difíciles y desea que un compañero los acompañe a través del valle tenebroso. Vienen buscando sabiduría, encarnada en la persona del consejero.

En la consejería proporcionamos una gran cantidad de sabiduría convencional, y la consejería cristiana está modelada por el pensamiento cristiano. En la mayoría de los modelos de consejería, esto no se hace mediante la enseñanza o la información directa dada por el consejero al paciente, sino más bien mediante un análisis guiado a medida que el paciente va analizando sus sentimientos, creencias, suposiciones, comportamientos y prioridades. Observa en la siguiente situación hipotética cómo el consejero guía al paciente a la sabiduría convencional:

Paciente:	La ansiedad por todo esto me ahoga. Todo lo que me dice ella es que ya no sabe si me quiere, pero yo quiero saber lo que eso significa en cuanto a nuestro futuro. ¿Se va a ir o se va a quedar? Y cada vez que le pregunto, ella se vuelve y se va, como si hubiera sacado un tema tabú.
Consejero:	Y luego, cuando ella se va, su ansiedad se desboca.

Paciente:	Exacto. Lo que digo es, ¿no tengo derecho a saber? Hace dieciocho años, mi esposa prometió delante de Dios y de doscientas personas que estaríamos juntos para siempre. ¿Qué significó aquello para ella?
Consejero:	(Pausa) Y todo eso le oprime, la sensación de que ella le prometió algo a Dios, a sus amigos y familiares, y a usted mismo, y ahora ella puede estar incumpliendo esa promesa.
Paciente:	(Una pausa larga; sollozos)
Consejero:	Hable de su ansiedad, pero también noto mucha animosidad hacia su esposa. (El consejero está tratando de ayudar al paciente a ver sus otras emociones, además de la ansiedad respecto del futuro).
Paciente:	¿Tiene ella derecho a hacer eso?
Consejero:	Esa es una buena e importante pregunta. Cuando usted pregunta, "¿Tiene derecho a hacer eso?", ¿qué nota en usted mismo? (El consejero está haciendo que el paciente se mire a sí mismo).
Paciente:	Es terrible. Estoy bloqueado. No puedo pensar ni hacer bien mi trabajo, ni siquiera mantener una conversación que tenga sentido. Simplemente, me supera. Tengo ganas de enviarle un mensaje o llamarla y obligarla a que me diga lo que va a pasar. Es como si ella tuviera todo el control y yo ninguno.
Consejero:	Quiero estar seguro de que tengo este derecho. Le agobia la ansiedad y la incertidumbre sobre el futuro, y comienza a pensar lo injusto que es todo — ¿Qué derecho tiene ella? Luego, los sentimientos casi se desbocan hasta que usted encuentra un modo de hablar con ella. Así que se acerca a ella, esperando obtener algún sosiego.
Paciente:	Sí. Pero no me da ninguna seguridad. Solo más rechazo.
Consejero:	Entonces no le está funcionando muy bien.

La sabiduría convencional tiene que ver aquí con lo que los asesores denominan dinámica de persecución y alejamiento en las relaciones conflictivas. Cuando una persona se siente cada vez más insegura, la tendencia es perseguir a la contraria. En este caso, la esposa del paciente se siente ya asfixiada, por lo que decide alejarse más de su marido, que es quien la persigue. El ciclo se repite, de modo que los dos cónyuges se sienten cada vez más agobiados y alterados. Hacer que el paciente entienda este círculo vicioso puede ser útil para recomponer la dinámica de la relación, y si su esposa quiere participar en el asesoramiento, puede ser especialmente beneficioso tener a ambos cónyuges conscientes del ciclo.

En la consejería cristiana también cabe la sabiduría crítica: ayudar a que el paciente piense saliéndose fuera de su encasillamiento y que pruebe con algo totalmente diferente. Nota cómo para evitar su propia ansiedad, persigue a su esposa con más fuerza. Esto, no solo no funciona, sino que además acaba exacerbando la ansiedad que previamente trataba de evitar. Las estrategias evasivas en general tienden a acrecentar el problema que se quiere evitar. La sabiduría crítica nos invita a adoptar un modo de ser diferente, un nuevo paradigma, incluso si tal cosa parece inaceptable al principio.

Consejero:	Entonces, no te está funcionando muy bien.
Paciente:	No, la verdad es que no.
Consejero:	Permítame el atrevimiento. Está bastante claro cómo quiere usted que sea su esposa; quiere que lo ame, que cumpla sus compromisos con usted y con Dios; pero cambiemos de dirección por un momento. Usted está es un momento crítico de su vida. ¿Quién quiere ser?
Paciente:	Eh... No sé a qué se refiere.
Consejero:	Solo retroceda y observe por un momento. Hay una pareja: la esposa no sabe lo que quiere y el marido teme perderla. ¿Cómo quiere usted que él actúe? ¿Quién quiere que sea él?
Paciente:	(Pausa) Que la quiera.
Consejero:	Explique.
Paciente:	Quiero que él apoye a su esposa, incluso si ella se niega a hacerlo por él. Quiero que cumpla su promesa a Dios, incluso si ella no lo hace. Quiero que tenga esperanza e incluso que la perdone algún día.

Consejero:	Mientras dice eso, veo una expresión más calmada en su rostro; como si el monstruo de la ansiedad retrocediera un poco cuando se concentra en la persona que usted quiere ser, la persona en la que se está convirtiendo.
Paciente:	Si, así es. Me gusta cómo lo explica, y es bueno que el monstruo se vaya por un tiempo.

Si la sabiduría convencional ayuda al paciente a ver la dinámica de persecución—alejamiento en su matrimonio, la sabiduría crítica lo ayuda a intentar probar algo radicalmente diferente. Perseguir a su esposa es sobre todo un modo de huir de la ansiedad, pero lo que consigue es aumentarla. Por el contrario, imaginarnos a nosotros mismos como la persona virtuosa que queremos ser, la persona en la que nos estamos convirtiendo, nos tranquiliza y nos centra.

La vida está llena de complicaciones que van desde lo trivial, como jugar al fútbol demasiado tiempo a una edad avanzada, hasta lo trágico, como la ruptura de un matrimonio o la lucha contra una enfermedad letal. En todas esas complicaciones anhelamos poseer la virtud de la sabiduría para encontrar el camino a seguir, para encontrar a Dios en medio del silencio de la incertidumbre y para esforzarnos por convertirnos en la persona plena y próspera que Dios quiere que seamos.

CAPÍTULO 2

EL PERDÓN

El perdón forma parte esencial de todo lo cristiano. Aparece en el corazón del Padre Nuestro, en medio del Sermón del Monte, que es la clave para entender a Jesús y su asombrosa sabiduría crítica. "Perdónanos nuestras deudas, como también nosotros perdonamos a nuestros deudores" (Mt 6:12).

Estas palabras penetran profundamente en mi alma. En un día en que tanto la palabra como el concepto de pecado están pasados de moda, todavía le pido perdón a Dios creyendo que soy un pecador que necesita desesperadamente la gracia de Dios. Como durante siglos muchos santos que me han precedido, sigo haciendo una oración tan simple, pero profunda, conocida como la Oración de Jesús. "Señor Jesucristo, Hijo de Dios, ten piedad de mí, pecador". A veces lo acorto y lo comparo con mi respiración: "Dios (respiro), ten piedad (suelto el aire)".

Dios ten misericordia. El perdón, la misericordia, la gracia, estas cosas hacen que el cristianismo sea cristiano.

Puedes preguntar, ¿y qué decimos del amor? Bueno, sí, el amor es el centro de todo lo cristiano también, junto con la fe y la esperanza. Pero el amor florece solo en presencia del perdón. Pregunte a un matrimonio joven y feliz qué es lo que está en el corazón de su éxito y seguramente te hablarán del amor, al menos si son una pareja joven de la sociedad actual influenciada por el pensamiento occidental. Y tienen razón. Hazles la misma pregunta a un matrimonio de ancianos felices, y también dirán que el amor, pero añadirán que el amor duradero solo es posible cuando se lo combina con el perdón, la misericordia y la gracia. La esperanza también coexiste con el perdón. Imagínate lo triste que puede ser la vida si cada herida emocional e interpersonal permaneciera tan abierta como el día en que ocurrió. La amargura se acumula. Hay esperanza si existe la posibilidad de que las personas y las relaciones puedan ser restauradas incluso de las heridas más dolorosas. Y la fe presupone que esto también es así con Dios.

LA PSICOLOGÍA DEL PERDÓN

Si el perdón es fundamental para el cristianismo, no lo ha sido para las ciencias sociales, al menos hasta hace dos decenios.

En charlas recientes, he mostrado el gráfico de la figura 2.1 a los asistentes y les he preguntado si podían adivinar la etiqueta que pertenece al eje Y. La mayoría de ellos no han sabido qué contestar, aunque un amigo mío dijo en broma que era el precio de las acciones de Apple. No lo es. El gráfico muestra la cantidad de artículos científicos publicados sobre el tema del perdón en los últimos decenios. En 1980, cuando pretendía ir a la escuela de posgrado y los creyentes me advertían de lo mala que era la psicología, y los estudiantes de psicología de lo mala que era la religión, nadie publicaba, ni tampoco estudiaba, acerca del perdón. En aquel tiempo era normal que los psicoterapeutas descartaran la posibilidad del perdón, argumentando que minimizaba el dolor experimentado por los errores del pasado. Muchos psicólogos ignoraban el tema y otros lo anatematizaban. Poco a poco, las cosas empezaron a cambiar. Recuerda que fue en 1998 cuando el presidente de la APA,[1] Martin Seligman, hizo hincapié en la psicología positiva. Casi al mismo tiempo, la Fundación Templeton comenzó a financiar varios proyectos sobre el perdón. Desde entonces el tema se ha desbordado. La investigación sobre el perdón llena las revistas de ciencias sociales y se ha introducido en las librerías, en horario de máxima audiencia en televisión y, sí, en las consultas de los psicoterapeutas.

---

[1] American Psychological Association. N.T.

El perdón

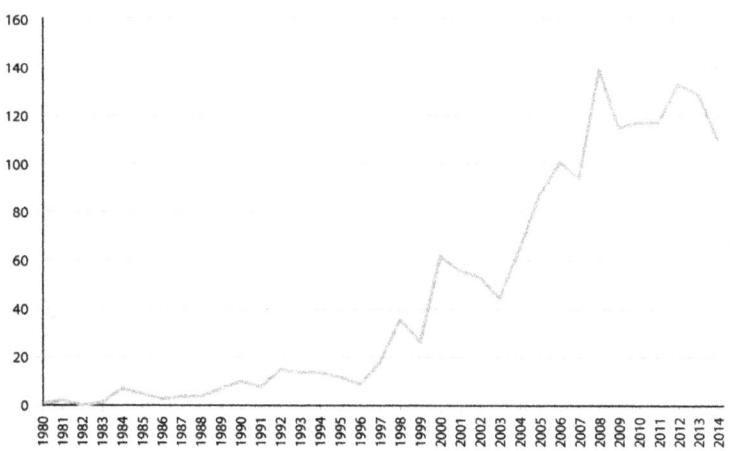

Figura 2.1 Artículos científicos publicados sobre el tema del perdón

Imagínate a ti mismo siendo consejero o psicoterapeuta trabajando con Janice (una paciente imaginaria), una mujer creyente de cuarenta y dos años que ha sufrido mucho debido a que abusaron sexualmente de ella siendo niña. No solo su padrastro abusó de Janice en sus primeros años de adolescencia, sino que de alguna manera su madre no fue capaz de darse cuenta. Cuando finalmente se enteró del abuso y su marido lo negó, su primera reacción fue no creer a Janice. Estas heridas son profundas y con frecuencia convierten una vida inocente en un complicado desastre. De alguna manera, Janice ha sido capaz de hacerse con una carrera y una familia propia, pero los recuerdos aún la persiguen. ¿Cómo ayudarías a Janice a curarse de esa tragedia? Si hablas del perdón demasiado pronto, puede que ella diga las palabras cristianas correctas sobre el perdón, pero de una manera somera y superficial. Si le das mucho tiempo para analizar su dolor y nunca abordas el tema del perdón, es posible que le estés ocultando su mayor esperanza de curación. Si se hacen bien las cosas, el perdón puede ser una parte importante de la consejería. Analizaremos cómo se hace esto más adelante, pero ahora es importante tener en cuenta que, si Janice es capaz de perdonar con éxito a su madre y a su padrastro, puede hacer que disminuya su presión arterial, que tenga menos dolor de espalda, que experimente menos tensión muscular y quizás incluso que salte un poco más alto que antes.

63

Resulta que el perdón es beneficioso. Tan pronto como la psicología del perdón echó a andar en los albores del siglo XXI, comenzamos a ver estudios que muestran cómo varios marcadores de salud están relacionados con el perdón. Charlotte Witvliet y sus colaboradores publicaron un innovador estudio en 2001, después de hacer que setenta y un participantes recordaran una ofensa interpersonal y que después, alternativamente, imaginaran que perdonaban o que no perdonaban. Durante el estudio, los participantes fueron conectados a un equipo de monitores psicofisiológicos, se les midió la tensión muscular, la conductancia de la piel (para medir el estrés), el ritmo cardíaco y la tensión arterial. Cuando los encuestados imaginaban una respuesta implacable y rencorosa, los investigadores constataban las correspondientes subidas en las cuatro mediciones fisiológicas. A medida que los encuestados pasaban a pensar en perdonar, sus cuerpos se calmaban nuevamente.[2] No hizo falta mucho tiempo para que el estudio se hiciera notorio. Casi el 30% de los adultos estadounidenses tienen hipertensión, y de ellos tres cuartas partes se medican para contrarrestar sus síntomas. ¿Y si el perdón pudiera ser otra vía para bajar la tensión arterial alta?

Hubo más estudios. Kathleen Lawler y sus colaboradores de la Universidad de Tennessee[3] monitorizaron a 108 participantes con equipos de psicofisiología mientras se les entrevistaba acerca de experiencias dolorosas del pasado. Quienes dijeron ser personas generalmente más indulgentes (es decir, que perdonaban) mostraron una tensión arterial más baja que los otros. Quienes dijeron perdonar más en algún caso concreto del que hablaron (es decir, el perdón puntual) mostraron menor presión arterial, menor ritmo cardíaco, menor tensión muscular y menor conductividad de la piel que otros. Nuevamente, el perdón estaba vinculado a marcadores sanitarios que pueden tener profundas implicaciones para la salud del corazón.

Incluso si no eres hipertenso, es muy probable que tengas dolor lumbar. Entre el 60 y el 80 por ciento de los adultos de EE. UU.

---

[2] Charlotte van Oyen Witvliet, Thomas E. Ludwig, y Kelly L. Vander Laan, "Granting Forgiveness or Harboring Grudges: Implications for Emotion, Physiology, and Health," *Psychological Science* 12 (2001): 117–23.

[3] Kathleen A. Lawler y otros, "A Change of Heart: Cardiovascular Correlates of Forgiveness in Response to Interpersonal Conflict," *Journal of Behavioral Medicine* 26 (2003): 373–93.

sufren dolor de espalda en algún momento de sus vidas. En 2005, James Carson y sus colaboradores estudiaron el dolor de espalda, la ira, la angustia psicológica y el perdón entre los pacientes de la Clínica del Dolor y Cuidados Paliativos del Centro Médico de la Universidad de Duke, así como entre los adultos que respondían a los anuncios de los periódicos de la comarca.

Los más acostumbrados a perdonar del grupo también dieron niveles más bajos de dolor, de ira y de padecimientos psicológicos. Según datos paralelos de los que no se puede inferir una relación de causa y efecto, los investigadores observaron que las conexiones entre el perdón, el dolor y la angustia psicológica parecen estar condicionadas por la ira, lo que sugiere que rebajar la ira mediante el perdón también puede ayudar a reducir el sufrimiento y la angustia.[4]

También en el primer decenio del siglo, Everett Worthington, erudito cristiano comprometido que ahora es uno de los principales expertos mundiales en el estudio científico del perdón, hizo una distinción importante entre el perdón como decisión y el perdón emocional. El *perdón decisional* puede ocurrir rápidamente. Es cuando decidimos esforzarnos cuanto podemos para tratar a quien nos ofende de la forma que lo tratábamos o lo trataríamos antes de que nos ofendiera. Esta decisión a veces lleva al *perdón emocional*, que ocurre cuando nuestras emociones, pensamientos y motivaciones hacia el agresor cambian del deseo de venganza a desearle lo mejor como persona. Conseguir el perdón emocional puede requerir meses o años de trabajo. En 2007 Worthington y sus colaboradores publicaron un útil resumen sobre lo escrito al respecto que muestra los diferentes vínculos que existen entre el perdón emocional y la salud.[5] Si consideramos lo beneficioso que es para la salud, más que perdonar una ofensa en particular (perdón puntual) ser una persona perdonadora, parece ser especialmente importante (el perdón como rasgo de conducta). Por el contrario, quienes nunca perdonan y están enojados de forma crónica

---

[4] James W. Carson y otros, "Forgiveness and Chronic Low Back Pain: A Pre-liminary Study Examining the Relationship of Forgiveness to Pain, Anger, and Psychological Distress," *Journal of Pain 6* (2005): 84–91.

[5] Everett L. Worthington Jr. y otros, "Forgiveness, Health, and Well-Being: A Review of Evidence for Emotional versus Decisional Forgiveness, Dispositional Forgivingness, and Reduced Unforgiveness," *Journal of Behavioral Medicine* 30 (2007): 291–302.

pueden padecer muchos problemas relacionados con el estrés. Worthington y otros también discutieron las pruebas cada vez más numerosas de ensayos médicos que muestran que perdonar ayuda a reducir el riesgo en pacientes con enfermedad cardíaca y disminuye el porcentaje de recaídas entre pacientes con problemas de drogadicción; los expertos también subrayaron algunos estudios preliminares sobre el perdón entre los pacientes con cáncer.

Durante el último decenio, han seguido apareciendo investigaciones que muestran que el perdón —especialmente el perdón como rasgo, a veces llamado perdón activo[6]—, está vinculado a marcadores de salud positivos. En comparación con los demás, las personas que perdonan tienen una presión arterial más baja y una recuperación más rápida después de enfadarse,[7] aunque los beneficios del perdón van más allá de la simple desaparición del enojo[8]. Cuando una persona en un matrimonio tiende a perdonar a su cónyuge, disminuye la presión sanguínea tanto para el ofendido como para el ofensor.[9] El estrés acumulado está ligado a una peor salud física y mental, mientras que entre quienes perdonan a otros, la conexión entre estrés y problemas de salud mental es menor que entre quienes no suelen perdonar.[10] Notablemente, las personas que experimentan la liberación del perdón, notan que pueden subir cuestas con más facilidad, e incluso saltar más alto, que quienes continúan llevando la carga de no perdonar.[11] Ahora ya tenemos amplias evidencias de que la inclusión del perdón en la psicoterapia es eficaz para promoverlo, reduciendo la depresión y la ansiedad, e incrementando la esperanza.[12]

---

[6] Ingl. *forguivingness*. N.T.

[7] Jennifer Friedberg, Sonia Suchday, y Danielle V. Shelov, "The Impact of Forgiveness on Cardiovascular Reactivity and Recovery," *International Journal of Psychophysiology* 65 (2007): 87–94.

[8] Kathleen A. Lawler-Row y otros, "Forgiveness, Physiological Reactivity and Health: The Role of Anger," *International Journal of Psychophysiology* 68 (2008): 51–58.

[9] Peggy Hannon y otros, "The Soothing Effects of Forgiveness on Victims' and Perpetrators' Blood Pressure," *Personal Relationships* 19 (2012): 279–89.

[10] Loren Toussaint y otros, "Effects of Lifetime Stress Exposure on Mental and Physical Health in Young Adulthood: How Stress Degrades and Forgiveness Protects Health," *Journal of Health Psychology* 21 (2016): 1004–14.

[11] Xue Zheng y otros, "The Unburdening Effects of Forgiveness," *Social Psy-chological and Personality Science* 6 (2015): 431–38.

[12] Nathaniel G. Wade y otros, "Efficacy of Psychotherapeutic Interventions to Promote

Cuadro 2.1
Breve glosario del perdón

Como investigador del perdón, algunos términos expresados en este capítulo necesitan ser explicados. El siguiente glosario breve puede ser de utilidad.

El perdón como decisión
Has *decidido* perdonar a la otra persona, aunque todavía es una tarea que avanza poco a poco. Si te amarga el que un amigo nunca haya intentado devolverte el dinero que te debe, puedes decidir perdonarlo. Esto sucede en un momento dado, aunque el perdón definitivo puede no ser tan instantáneo.

El perdón emocional
Ocurre cuando ya no sientes ni amargura ni ira y deseas lo mejor para quien te ha ofendido. Con tu amigo que te debe dinero, ya no tienes sentimientos negativos, le has perdonado la deuda emocional y quizás también la deuda financiera. El perdón emocional es, a veces, un proceso largo.

UNA VISIÓN CRISTIANA DEL PERDÓN

Antes de profundizar más acerca de la psicología del perdón, consideremos dos preguntas que pueden estar preocupándote como me preocupan a mí. Primero, con todas las pruebas científicas de que el perdón es bueno para nuestra salud, ¿es el perdón un método de autoayuda? ¿Perdonaremos porque es una manera de seguir adelante y estar más sanos, y no para impedir que quienes nos ofenden nos roben continuamente nuestro bienestar? Puede que considerar el perdón como autoayuda no sea intrínsecamente inadecuado, pero tampoco es totalmente coherente con la idea cristiana del perdón. En segundo lugar, parece haber un desequilibrio importante en el universo del perdón. Todos parecemos estar bastante fascinados con la ciencia, siempre y cuando perdonemos a las otras personas que nos dañaron, pero ¿por qué no

---

Forgiveness: A Meta-analysis," *Journal of Consulting and Clinical Psychology* 82 (2014): 154–70.

nos interesa tanto buscar el perdón de aquellos a quienes hemos dañado nosotros? Con tantos ofendidos y tan pocos ofensores, hemos de preguntarnos cómo se iguala la ecuación. El cristianismo puede ayudarnos con ambas preguntas.

El perdón como estado
Es el que experimentas en un momento dado como respuesta a una situación particular. El lunes puedes sentirte completamente libre de amargura hacia tu amigo que no te devuelve el dinero, pero después, el miércoles, tener una ligera recaída y no tener muchas ganas de perdonar. El viernes, de nuevo sientes un total perdón emocional. Cuando los especialistas miden el estado de perdón, siempre hacen que el paciente se imagine una situación concreta y luego le piden que evalúe su nivel de perdón en ese momento.

El perdón como rasgo
También llamado perdón activo porque es la disposición general de una persona para perdonar. Para unas personas, perdonar es más fácil que para otras, por lo que se considera un rasgo de su personalidad. A una persona perdonadora le será más fácil decidir y sentir perdonar a la persona que no puede devolverle el dinero, que a una poco perdonadora.

Más que autoayuda

Una vez escuché a un pastor que también es teólogo, explicar Romanos 15:7 como el segundo verso más importante de la Biblia: "Por tanto, recibíos los unos a los otros, como también Cristo nos recibió, para gloria de Dios". Solo Juan 3:16 era más importante, según el pastor. Hace veinte años de ese sermón, pero ha permanecido en mi mente todos estos años. ¿Cómo sería el mundo si todos nos aceptáramos del mismo modo que Cristo nos acepta? ¿Cómo afectaría eso a nuestras familias, trabajos, iglesias y comunidades?

Entonces, ¿por qué perdonamos a otros cuando nos ofenden? ¿Es porque nos ayuda a seguir adelante con nuestras vidas, porque disminuye nuestra tensión arterial y nos proporciona una esperanza más firme para el futuro? Bueno, sí. Pero por más importantes que sean esos resultados, el cristiano está llamado a más. Perdonamos por lo profundamente que hemos sido perdonados. "Si reducimos el perdón a una terapia de moda, desaprovecharemos la invitación que nos hace a vivir una vida que realmente es vida".[13]

Si Janice tuviera que perdonar a su madre y a su padrastro por lo ocurrido en el pasado, podría centrarse en los beneficios personales que el perdón le brindaría, y sería legítimo hacerlo. Como cristiana, también podría profundizar en el conocimiento del amor de Jesús. Acordémonos del apóstol Pablo del Nuevo Testamento, un hombre que experimentó todo tipo de ofensas, que incluso recibió treinta y nueve latigazos al menos cinco veces, que fue azotado con varas tres veces y que fue apedreado como hereje (ver 2 Co 11:24). Este es el mismo hombre que enseñó que debemos aceptarnos unos a otros como Cristo nos acepta. Pablo plantea una especie de enigma en su carta del Nuevo Testamento a los Efesios: "(Oro) que habite Cristo por la fe en vuestros corazones, a fin de que, arraigados y cimentados en amor, seáis plenamente capaces de comprender con todos los santos cuál sea la anchura, la longitud, la profundidad y la altura, y de conocer el amor de Cristo, que excede a todo conocimiento, para que seáis llenos de toda la plenitud de Dios" (Ef 3:17–19).

¿Descubriste el enigma? Pablo invita a sus lectores a que entiendan algo que nunca podremos entender. El amor de Dios es demasiado grande para comprenderlo plenamente y, sin embargo, Pablo ora que podamos acercarnos más y más a una comprensión del amor de Jesús. A veces, mientras clavo estacas de jardinería en el suelo duro, imagino lo que debe haber sido traspasar con clavos las manos y los pies de Dios encarnado, y entreveo ese amor demasiado grande para ser visto por completo. El amor que elige ser colgado en una cruz a pesar de la insoportable agonía y proclama: "Padre, perdónalos, porque no saben lo que hacen" (Lc 23:34).

Janice puede experimentar una tensión arterial más baja y saltar verticalmente un poco más alto si perdona a quienes la han

---

[13] L. Gregory Jones y Célestin Musekura, *Forgiving as We Have Been Forgiven: Community Practices for Making Peace* (Downers Grove, IL: InterVarsity, 2010

dañado. Aún más, ella tiene la oportunidad de experimentar de alguna manera la plenitud de Jesús.

Jeremy Taylor, ministro de la Iglesia de Inglaterra del siglo XVII, instó: "Recordad cada día alguno de vuestros peores pecados, la más vergonzosa de vuestras desgracias, vuestra acción más indiscreta, o cualquier cosa que os cause perturbación, y aplicadlos a la presente plaga de vuestro espíritu, y quizá os ayude a sanarla".[14] Probablemente, la mayoría de nosotros no hacemos esto todos los días, pero si lo hiciéramos, me pregunto si nos ayudaría a reflexionar sobre lo profundamente que Jesús nos ha perdonado nuestros pecados. En cambio, nuestro impulso inmediato es pensar cada día en lo maravillosos y talentosos que somos. Me pregunto si tal cosa no contribuye a subestimar u obviar la profundidad del perdón que se nos ha otorgado a cada uno de nosotros.

¿Por qué perdonamos a quienes nos han dañado? Porque Jesús nos ha perdonado más allá de lo que jamás podríamos esperar o imaginar. Como quien se deleita en una fuente caudalosa en un día seco de verano, así somos limpiados día tras día con la generosa gracia de Dios, que nos ofrece el perdón por nuestro estado de rebeldía y egoísmo, así como por las iniquidades específicas que manchan nuestra vida.

El perdón cristiano es el ejemplo perfecto de amor autosacrificial, por causa de Jesús, quien perdona, a un coste personal muy alto, debido a su inmenso amor por nosotros. Jesús nos enseñó a perdonar.

Desequilibrios en el universo del perdón

Si todos ofenden a todos, ¿dónde están todos los ofensores? ¿O quizás nuestra manera de considerarnos a nosotros mismos sea interesada, de modo que seamos sensibles y recordemos cuando otros nos hieren y tengamos la tendencia a minimizar y pasar por alto el modo en que herimos a los demás?

El punto de vista cristiano nos hace ver que en primer lugar somos perdonados y después perdonadores. En ocasiones, me temo que la primera parte se pierda en la mayoría de nosotros,

---

[14] Jeremy Taylor, *Holy Living*, actualizado por Hal M. Helms (Brewster, MA: Paraclete Press, 1988; first published 1650), 57.

sobre todo tal vez en aquellos que están imbuidos de la actual imagen popular del perdón. Es más natural que nos veamos a nosotros mismos como perdonadores que como pecadores que necesitan desesperadamente el perdón de Dios y de los demás.

Acabo de mencionar al apóstol Pablo y todo cuanto tuvo que perdonar por causa de los actos de sus perseguidores, pero recuerda que antes había sido él quien perseguía. Antes de que se convirtiera camino a Damasco, los cristianos le tenían mucho miedo debido a su implacable persecución. Todos vivimos historias parecidas, aunque quizás menos dramáticas, en las que sufrimos y hacemos sufrir. De alguna manera, para la mayoría de nosotros es más fácil recordar el daño que hemos sufrido que el que hemos causado a los demás.

Entre los artículos científicos citados en la figura 2.1, calculo que el 99% de ellos tiene que ver con perdonar a otros. Algunos especialistas han investigado sobre la búsqueda del perdón, pero estos no son los estudios que acaban en la CNN o en el Huffington Post. Cuando hablo sobre el tema del perdón descubro lo mismo.

A la gente le encanta la idea de perdonar a los demás. Preguntan con entusiasmo y comparten anécdotas. Cuando hablamos de ser perdonados la sala guarda silencio.

Veremos esto más adelante, pero por ahora, mantengamos la posibilidad teórica de que (1) tendemos a minimizar nuestra parte de culpa en los problemas del mundo, y (2) somos una sociedad de individualistas. En lugar de pensar en la comunidades, y cómo contribuimos tanto a lo bello como a lo trágico de esas comunidades, nuestra tendencia es vernos a nosotros mismos como individuos autónomos y con capacidad de autodeterminación. En un medio así, el perdón tiene más que ver conmigo y con los beneficios que puedo obtener que un reflejo de mi entramado relacional en un colectivo más amplio. Probablemente sea una consecuencia de la ciencia, así como del *Zeitgeist* social más amplio, y nos recuerda lo mucho que necesitamos el largo testimonio histórico de la iglesia.

EL *TELOS* DEL PERDÓN

Recordemos que, según la introducción y el capítulo anterior, hoy nos cuesta comprender lo que es la virtud porque, en buena medida, no entendemos lo que es la teleología.[15] Para entender cualquiera de las virtudes, incluido el perdón, necesitamos imaginar cómo se haría visible esa virtud en plenitud en una persona, y cómo personas normales como tú y yo podemos avanzar hacia la meta de ser sanos y maduros.

El primer empujón teológico correcto con respecto a la teleología es mirar a Jesús, la única persona perfectamente capaz que jamás haya caminado entre nosotros. En cuanto al perdón, es todo un reto, porque solo podemos ver media imagen de Jesús. Sí, Jesús es el principal perdonador de todos los tiempos. En él vemos el perdón en su plenitud humana y divina. Jesús, "en quien tenemos redención por su sangre, el perdón de pecados" (Col 1:14). Pero ¿qué pasa con la otra media parte del perdón: pedir perdón cuando le hemos causado un mal a otra persona? Los cristianos creemos que Jesús no hizo ningún mal a nadie, y por eso nunca tuvo que confesar ni pedir perdón.

Si el perdón es una virtud en sí misma, entonces nos costará trabajo ver a Jesús como nuestro ejemplo, pues nunca tuvo que ser perdonado. Pero si ampliamos la idea del perdón que tenemos para incluir la dimensión de la reconciliación, entonces podemos ver plenamente cada virtud en Jesús, incluido el perdón.

Ten en mente esta idea por un instante mientras cuento una conversación que tuve con un grupo focal de cinco estudiantes de doctorado, todos adultos jóvenes creyentes que estudiaban para psicólogos clínicos. No se consideraban a sí mismos expertos en el tema del perdón, aunque les interesaba. Pregunté algunas cosas sobre el perdón, la iglesia y la práctica clínica, y lo que más me sorprendió fue que continuamente volvían al tema del perdón y la reconciliación. Es complicado, porque los psicólogos han querido siempre separar ambas cosas. Según la mayoría de los psicólogos que conozco, se puede perdonar sin pensar siquiera en una reconciliación. Por ejemplo, imagina la esposa maltratada que acaba en el hospital por tercera vez víctima de un marido dominante y agresivo. Podemos imaginar que quien sobrevive al maltrato pueda finalmente perdonar a su marido, pero sería un disparate regresar a la misma situación en la que, probablemente,

---

[15] Alasdair MacIntyre, *After Virtue*, 3ª ed. (Notre Dame, IN: University of Notre Dame Press, 2007).

sería maltratada de nuevo. Ver casos así una y otra vez a lo largo de la carrera profesional lleva a los psicólogos a distinguir entre perdón y reconciliación. Además, si la reconciliación es parte del perdón, ¿cómo podemos perdonar a un ofensor que ya ha muerto o que no quiere reconciliarse? Hay buenas razones por las que los psicólogos distinguen entre el perdón y la reconciliación, pero esta distinción no era tan clara entre los estudiantes de doctorado de mi grupo focal. Un varón comentó que el deseo de reconciliación puede ser una de las razones por las que la gente perdona. Una joven del grupo estaba de acuerdo, subrayando que quería hacer las cosas bien cuando no estaba de acuerdo con otra persona. Esto no quiere decir que todas las relaciones puedan reconciliarse, como lo demuestra la esposa maltratada que va al hospital por tercera vez, pero aun así, puede haber un profundo deseo de reconciliación que es y debe ser parte del perdón.

Unos años atrás, Nathan Frise y yo hicimos una encuesta a unos psicólogos y teólogos y descubrimos que los teólogos están más propensos que los psicólogos a ver la reconciliación como parte del perdón.[16] Los teólogos suelen ver la reconciliación, cuando esta es posible, como la consumación del perdón, tal vez porque sean más propensos a pensar en el *telos* que nosotros los psicólogos.

Así que ahora regresemos a Jesús, quien, aunque nunca tuvo que pedir perdón por hacer daño a nadie, no escatimó nada para obtener la reconciliación.

> Cristo, cuando aún éramos débiles, a su tiempo murió por los impíos. Ciertamente, apenas morirá alguno por un justo; con todo, pudiera ser que alguien tuviera el valor de morir por el bueno. Pero Dios muestra su amor para con nosotros, en que siendo aún pecadores, Cristo murió por nosotros. Con mucha más razón, habiendo sido ya justificados en su sangre, por él seremos salvos de la ira, porque, si siendo enemigos, fuimos reconciliados con Dios por la muerte de su Hijo, mucho más, estando reconciliados, seremos salvos por su vida. Y no solo esto, sino que también

---

[16] Nathan R. Frise y Mark R. McMinn, "Forgiveness and Reconciliation: The Differing Perspectives of Psychologists and Christian Theologians," *Journal of Psychology and Theology* 38 (2010): 83–90.

nos gloriamos en Dios por el Señor nuestro Jesucristo, por quien hemos recibido ahora la reconciliación (Ro 5:6-11).

Fue Jesús quien apareció en la orilla después de su resurrección y preparó un desayuno para algunos de sus discípulos, y tener así unas palabras sanadoras con Pedro, quien lo había negado tres veces unos días antes (Jn 21). En el sermón más famoso de todos los tiempos, Jesús enseñó que si alguien tiene algo contra nosotros, debemos dejar nuestra ofrenda en el templo y reconciliarnos con esa persona primero (Mt 5:23–24). Este Jesús, irreprensible y puro, el gran perdonador, dio más valor a la reconciliación que al hecho de quién tiene la culpa del conflicto.

> Dios en su plenitud
> quiso habitar en Cristo,
> y por él reconciliar
> a todos consigo mismo.
> Hizo la paz con todo en el cielo y en tierra
> por la sangre de Cristo derramada en la cruz.

También a vosotros, que erais en otro tiempo extraños y enemigos por vuestros pensamientos y por vuestras malas obras, ahora os ha reconciliado en su cuerpo de carne, por medio de la muerte, para presentaros santos y sin mancha e irreprochables delante de él (Col 1:21–22).

Quizá deba mencionar que Frise y yo hemos recibido algunas críticas de la comunidad de psicólogos por nuestro punto de vista de que el perdón pleno puede implicar un cierto grado de reconciliación cuando tal cosa es factible, o al menos se la desea alcanzar. Nuestros críticos son líderes del movimiento del perdón en psicología, gente por la que tenemos el mayor de los respetos. Jichan Kim y Robert Enright respondieron con un artículo titulado "Por qué la reconciliación no forma parte del perdón"[17], en el que distinguen claramente entre el perdón humano y el perdón divino. Puede que estén en lo cierto al afirmar que nuestras formas humanas de perdonar son completamente diferentes de

---

[17] Jichan Kim y Robert D. Enright, "Why Reconciliation Is Not a Component of Forgiveness: A Response to Frise and McMinn," *Journal of Psychology and Christianity* 34 (2015): 19–25.

cómo Dios nos perdona, pero aun así, me parece útil pensar en un *telos*. Jesús me inspira a desear reconciliarme tanto con aquellos a quienes he herido como con quienes me han herido a mí.

EL PERDÓN DE LA PSICOLOGÍA Y EL DE CRISTO, JUNTOS

La mayoría de los cristianos estará de acuerdo que perdonar es lo correcto. Aspiramos a perdonar como Dios nos perdona a nosotros. Pero, ¿cómo lo hacemos? En la práctica, el recorrido cotidiano del perdón es duro y agotador. Afortunadamente, encontramos ayuda en quienes han estudiado la psicología y la teología del perdón.

Permíteme que te presente a tres grandísimos eruditos del perdón, todos los cuales tienen mi más profundo respeto. Uno es el psicólogo (y amigo) Everett Worthington Jr., profesor de la Virginia Commonwealth University y antiguo mentor de muchos de los psicólogos cristianos que estudian psicología positiva que citaré a lo largo de este libro. Ya mencioné a Worthington anteriormente en este capítulo debido a su investigación acerca del perdón y del que también dije que se ha convertido en uno de los principales expertos del tema en el mundo. Su experiencia se pone de manifiesto por sus muchos libros, subvenciones, estudios y artículos científicos sobre el perdón, y porque su madre de setenta y seis años fue agredida sexualmente y asesinada brutalmente el día de Año Nuevo de 1996. El hermano de Worthington, que fue quien encontró a su madre muerta, se suicidó cinco años después. Esta marcha personal hasta el perdón llevó a Everett a perdonar al asesino de su madre y también a perdonarse a sí mismo por no haber podido ayudar a su hermano.[18]

El segundo es un teólogo, L. Gregory Jones, vicepresidente ejecutivo y director de la Universidad de Baylor. Jones ha escrito muchos libros, entre los que se cuentan *Embodying Forgiveness* (Encarnando el perdón)[19] y *Forgiving as We've Been Forgiven*,

---

[18] Ver Rachel DePompa, "VCU Professor Forgives Killer after Losing His Mother and Brother," *On Your Side*, 2013, NBC 12, http://www.nbc12.com/story/22301562 /vcu-professor-forgives-killer-after-losing-his-mother-and-brother.

[19] L. Gregory Jones, *Embodying Forgiveness: A Theological Analysis* (Grand Rapids: Eerdmans, 1995).

(Perdonar como hemos sido perdonados).[20] Muestra una gran sabiduría teológica en el estudio del perdón y, además, tiene una visión crítica acerca de cómo los psicoterapeutas han diluido el concepto reduciéndolo a una pálida sombra terapéutica de lo que Dios trata de conseguir. En *Forgiving as We've Been Forgiven,* Jones escribe conjuntamente con Célestin Musekura, erudito y pastor ruandés que sufrió una pérdida terrible como resultado del genocidio de Ruanda. En 1997, tres años después de establecer los African Leadership and Reconciliation Ministries (ALARM) (Ministerios de liderazgo y reconciliación africanos), Musekura perdió a cinco familiares y a setenta miembros de su iglesia asesinados en venganza tras el genocidio. Su compromiso con el perdón le ha costado un precio —ser acusado de traicionar a sus iguales hutus, ser golpeado y torturado por varias horas en una comisaría del gobierno.[21]

Los tres, Worthington, Jones y Musekura, tienen puntos de vista importantes que hemos de tener en cuenta respecto a cómo perdonamos. Al ser uno de ellos psicólogo y los otros dos teólogos y ministros cristianos, considerar sus puntos de vista nos permite poner a la psicología y al cristianismo una junta al otro. En concreto, vamos a estudiar los modelos del perdón que proponen paso a paso y cómo los comparan y contrastan.

Analizar honestamente el daño

Los tres expertos están de acuerdo en cómo iniciar el camino del perdón. En su modelo REACH[22], Worthington[23] habla sobre la importancia de traer a la memoria el daño. No podemos perdonar a alguien simplemente ignorando, pasando por alto u obviando su ofensa. Si nos han hecho daño, debemos reconocerlo honestamente, enfrentar el dolor, sentirlo profundamente y familiarizarnos con su textura y contornos. En ocasiones, las heridas que nos hacen cambian nuestras vidas, y negar el daño causado nos perjudica aún más.

---

[20] Jones y Musekura, *Forgiving as We Have Been Forgiven.*

[21] Jones y Musekura, *Forgiving as We Have Been Forgiven*, 15–33.

[22] REACH es un acrónimo formado por las iniciales de los distintos pasos que Worthington propone y que en inglés forman la palabra "alcanzar". N.T.

[23] Everett L. Worthington Jr., *Forgiving and Reconciling: Bridges to Wholeness and Hope* (Downers Grove, IL: InterVarsity, 2003).

Si Janice de verdad quiere perdonar a su padrastro y a su madre, seguramente tendrá que pasar por el valle de sombra de muerte, en donde reflexionar profundamente sobre el daño que le causó el abuso. El pecado deja consecuencias profundas y Janice soporta esas consecuencias todos los días en su forma de entender la sexualidad y de relacionarse con gente en la que quiere confiar. [24]

Cuadro 2.2
El modelo de perdón de Worthington (REACH)

El modelo REACH de Worthington ha sido probado en varios estudios científicos y ha demostrado ser una forma útil y eficaz de perdonar.*

Paso 1. Piensa en el daño
Sé honesto acerca del daño causado. Negar el daño o el dolor no sirve de nada. Acéptalo honestamente.

Paso 2. Ponte en el lugar de la otra persona
Esto es difícil, pero trata de entender lo que la otra persona pudo pensar o sentir. ¿Cómo explicaría la otra persona lo que sucedió?

Paso 3. Sé generoso
El perdón es, en última instancia, un regalo auto-sacrificial que estamos haciendo a la otra persona. En vez de desear hacerle daño decidimos desearle lo mejor.

Paso 4. Comprométete
Comprométete a perdonar a la otra persona. Esto puede implicar hablar con un pastor o consejero, un compañero o un amigo. No importa tanto con *quién* hablamos como *que* nos comprometemos a perdonar.

Paso 5. No te rindas
Perdonar no es sencillo. Podemos fácilmente volvernos atrás en el perdón, por lo que es importante que tengamos maneras de mantener nuestro compromiso de perdonar.

*Everett L. Worthington, *Forgiving and Reconciling: Bridges to Wholeness and Hope* (Downers Grove, IL: InterVarsity, 2003).

---

[24] Las expresiones en inglés que forman el acróstico REACH son: 1) **Recall** the hurt, 2) **Empathize**, 3) **Altruistic** gift, 4) **Commit**, 5) **Hold** on. N.T.

PSICOLOGÍA DE LA VIRTUD

Jones y Musekura[25] hablan de los "pasos de baile" del perdón, que es una metáfora atractiva porque nos recuerda que cada paso individual es solo una parte de una meta mayor y más hermosa. Aprendemos los pasos para participar en la maravillosa danza del perdón. Sus primeros dos pasos, igual que el primero de Worthington, implican encarar honestamente el dolor causado. Para Jones y Musekura consiste en hablar con honestidad y paciencia de los conflictos (paso 1), y luego reconocer el enojo y el rencor que sentimos a la vez que deseamos superar estos sentimientos (paso 2).

Hace poco comí con un psicólogo que decía poder ayudar a sus pacientes a alcanzar el perdón total en una sola sesión de cuarenta y cinco minutos, independientemente de la dimensión de la ofensa cometida contra ellos. Aunque respeto su trabajo, no estoy de acuerdo. Esta primera parte del proceso de perdonar (contar lo sucedido, enfrentar el dolor, reconocer la mayor parte de la ira y la amargura causada) puede llevar muchas semanas o meses, o incluso más. Jones y Musekura lo expresaron con sencillez: "El perdón lleva tiempo".[26]

Ponerse en el lugar del que ofende

Es difícil. Cuando estamos profundamente heridos, solemos ver a quien nos ofende en términos monstruosos: "¡Él no es más que un…!". "¡Ella es una…! Lo que falta lo podemos poner nosotros. Pero la gente es más compleja que las etiquetas que usamos para describirlas. El segundo paso de Worthington es ponernos en el lugar del agresor, y el tercer paso de Jones y Musekura es preocuparse por la otra persona como hija de Dios.

Cuadro 2.3
Los "Pasos de baile" de Jones y Musekura para llegar al perdón

Jones y Musekura proponen los seis pasos siguientes para llegar al perdón. Utilizan la metáfora de los pasos de baile recordándonos

---

[25] Jones y Musekura, *Forgiving as We Have Been Forgiven*.
[26] Jones y Musekura, *Forgiving as We Have Been Forgiven*. 48.

que hemos de aprender algunos pasos antes de emprender la hermosa danza del perdón.*

Primer paso de baile: decir la verdad
El perdón requiere que digamos la verdad de lo sucedido, aun sabiendo que nuestra opinión puede diferir del punto de vista de la otra persona. "Hemos de [ ] tomar tiempo para hablar el uno con el otro acerca de las cosas que nos separan". ** Esto no es fácil y exige honestidad y paciencia mutua.

Segundo paso de baile: reconocer el resentimiento
Para perdonar, tenemos que recorrer el camino que nos lleva a reconocer nuestro resentimiento y rencor. Aunque el odio puede ser cambiado en amor, primero tenemos que reconocer lo profundo de nuestra herida emocional para que pueda ocurrir el cambio.

Tercer paso de baile: preocuparse por la otra persona
Aunque parezca difícil, el perdón nos mueve a ver a la otra persona como un hijo de Dios. Incluso si nuestro desprecio por ella es total, Dios ve más allá del pecado y ama a la otra persona profundamente.

Cuarto paso de baile: reconocer, recordar, arrepentirse
Aunque es importante no subestimar la diferencia de poder que puede haber entre el ofensor y el ofendido, también es bueno reconocer que, de forma natural, vemos la culpa en los demás antes que en nosotros mismos. Puede que nunca hayamos hecho las cosas que nuestro agresor nos hizo, pero todos somos capaces de hacer daño a otros y luego ocultar nuestra agresión negándola y engañándonos a nosotros mismos.

Quinto paso de baile: comprometerse a cambiar.
Perdonar requiere mirar hacia adelante, no solo hacia atrás, lo que implicará un cambio personal a medida que nos alejamos del rencor y deseamos lo mejor para la otra persona. También implica un cambio en la comunidad mientras trabajamos por lograr una mayor justicia y sanidad.

Sexto paso de baile: esperanza en el futuro
Incluso si la reconciliación no es posible, avanzamos hacia un espacio en el que reconocemos nuestro deseo de reconciliación. Tal cosa implica tanto desear la reconciliación con nuestro agresor individual, como una mayor toma de conciencia de lo mucho que necesitamos la reconciliación en el seno de nuestras comunidades de fe.

*L. Gregory Jones y Célestin Musekura, *Forgiving as We've Been Forgiven: Community Practices for Making Peace* (Downers Grove, IL: InterVarsity, 2010). **Ibíd., 47.

El perdón nos exige ir más allá de las categorías y etiquetas fáciles viendo la complejidad en la persona que nos ofende. A medida que Janice avanza en su proceso hacia el perdón, tendrá que tener en cuenta con qué tipo de impulsos inadmisibles su padrastro pudo haber estado luchando durante años. No se trata de justificar lo que hizo, sino de entender las complicaciones de su vida. Del mismo modo, a Janice le vendría bien considerar la situación en la que se encontraba su madre cuando se enteró de los abusos. ¿Por qué no la creyó? ¿Tendría algo que ver la propia necesidad de amor y de comprensión de su madre? ¿Negar el hecho pudo ser una forma de afrontar las terribles noticias que acababa de escuchar?

Es fundamental no confundir comprender con dar por bueno. No está bien lo que el padrastro de Janice le hizo, ni la primera reacción de su madre fue correcta, pero a medida que Janice vaya entendiendo mejor a las demás personas involucradas irá avanzando en su camino hacia el perdón.

Los psicólogos tendemos a hacer del perdón un esfuerzo individual e interpersonal, pero Jones y Musekura ponen la acción de perdonar directamente en el contexto de la comunidad cristiana. Aprendemos los pasos de baile del perdón no para poder bailar solos en la sala de estar, sino para poder bailar con otros celebrando a nuestro Dios bueno y bondadoso. Y la comunidad cristiana se convierte en un excelente medio para comprendernos mejor los unos a los otros, incluidos aquellos que nos han ofendido y nos han hecho daño.

Entender el pecado desde el punto de vista cristiano, mediante la experiencia relacional, es bueno para promover la empatía y la preocupación mutua. En la comunidad cristiana, pecado no es solo una lista de cosas malas que la gente comete, o cosas buenas que no son capaces de hacer, sino el estado caído en el que vivimos tanto individual como colectivamente. Nuestras percepciones, creencias, acciones y sentimientos no llegan a ser la experiencia humana plena que Dios quiso que fuera. Andamos a lo largo de nuestras vidas a traspiés, como enfermos y en comunidades rotas, incapaces en muchas maneras, y esto es aplicable a cada uno de nosotros. Al perdonar, podemos recordar que, aunque nunca nos veamos a nosotros mismos haciendo lo que nuestros ofensores nos han hecho, cada uno de nosotros ha ofendido a otros de muchas formas. Somos ofendidos y ofensores. Este es el cuarto paso de baile en el modelo de Jones y Musekura, reconocer que somos cómplices en los problemas del mundo y en los de nuestras propias comunidades y familias.

Comprometerse a perdonar

Tras estudiar el daño y trabajar para comprender a la otra persona, perdonar se reduce, en última instancia, a un compromiso. Decidimos perdonar, o no perdonar.

Janice ya ha pasado por el valle de sombra de muerte. Ha llorado y ha temblado angustiada. Ha tenido en cuenta lo que su padrastro y su madre podrían haber estado viviendo hace tantos años y lo que pueden haber vivido desde entonces. Ahora tiene que decidir. ¿Se aferra al rencor o se libra de él y decide perdonar?

El tercer paso de Worthington es conceder al ofensor el regalo desinteresado del perdón. En lugar de quedarse con el rencor, quien perdona elige desear el bien a la otra persona. El cuarto paso es comprometerse comunicándole a un amigo, compañero, consejero o pastor que ha decidido perdonar. Esta decisión de perdonar no será fácil, por eso hacer un compromiso ante otra persona es una parte importante del proceso. El quinto paso es hacer firme la decisión. Incluso después de decidir perdonar el peso emocional de tal decisión puede retrasar por muchos meses o años su cumplimiento, y Janice puede sentir muchas veces la tentación de revocar su decisión de perdonar. El perdón requiere la firme decisión de llevarlo a cabo.

De manera similar, Jones y Musekura recalcan el compromiso que requiere perdonar. Su quinto paso es comprometerse a superar el proceso de cambio. Mientras que los psicólogos tienden a resaltar el esfuerzo emocional y relacional que tal cosa requiere, Jones y Musekura también hablan de trabajar por la justicia. Perdonar a menudo implica el esfuerzo por hacer bien las cosas en la comunidad.

Desear la reconciliación

En este punto vemos que hay una distancia entre el modelo de Worthington y el propuesto por Jones y Musekura, que es la que hay entre la perspectiva psicológica del perdón y la teológica. En el modelo REACH perdonar es el paso final, y se distingue claramente entre el perdón y la reconciliación. Según Jones y Musekura hay un paso más a tener en cuenta, y es querer reconciliarse. Aunque la reconciliación puede o no ocurrir, ellos opinan que un proceso completo de perdón nos lleva como mínimo a desear la reconciliación. Quizá Janice no pueda reconciliarse con su padrastro después de todos estos años. Tal vez esté muerto, o haya desaparecido de la vida de Janice, o puede que su padrastro no quiera hablar con ella. Pero aun así, ella desea de alguna manera poder tener una relación sana y segura con el hombre que le hizo tanto daño. La reconciliación, o al menos desearla, es el *telos* del perdón.

REDIMIR EL PERDÓN

Trabajemos para redimir el perdón usando las cuatro mismas estrategias que usaremos para cada una de las virtudes consideradas en este libro: aprender de la psicología positiva, ver lo que el pensamiento cristiano puede ofrecer, considerar cómo la psicología del perdón puede ayudar a la iglesia y reflexionar sobre cómo la consejería cristiana puede abrazar esta virtud.

Lo que la psicología positiva nos enseña

Tal vez sea prudente comenzar con dos preguntas a las que agregaremos una tercera más adelante. La primera pregunta es, ¿por qué debemos perdonar? La psicología positiva tiene información útil que darnos, como se explica al comienzo de este capítulo. Perdonar beneficia la salud de quien perdona. ¿Quieres bajar la tensión arterial, tener menos dolor de espalda, menos ira, menos ansiedad, más esperanza? Perdonar puede ayudarte.

Segundo, ¿cómo perdonamos? ¿Te sientas en un culto convencido de que quieres perdonar a la persona que está al otro lado de la sala que te perjudicó hace dos años, o veinte, pero no sabes cómo hacerlo? Una vez más, la psicología positiva proporciona respuestas útiles. El modelo REACH de Worthington ha sido probado repetidamente, y funciona. Las personas pueden aprender a perdonar y pueden experimentar los muchos beneficios asociados con el perdón.

¿Qué puede aportar el pensamiento cristiano al perdón?

Podemos plantear de nuevo las mismas dos preguntas, pero desde la perspectiva de lo que la iglesia puede aportar a la psicología del perdón, al menos para quienes son parte de una comunidad de fe. ¿Por qué debemos perdonar? Ciertamente, hay muchas maneras en las que perdonar beneficia la salud individual, pero también aporta sanidad a la comunidad. Tanto en su libro del que es autor único[27] como en el que comparte autoría con Célestin Musekura, L. Gregory Jones habla sabiamente de los beneficios comunitarios del perdón y del peligro de confiar demasiado en los beneficios terapéuticos individuales del perdón. Perdonamos porque hemos sido perdonados, porque la iglesia debe reflejar la verdad y la gracia de Jesús. En este espacio comunitario es difícil trazar una clara divisoria entre el perdón y la reconciliación, tal como como suelen hacer los psicólogos.

¿Cómo perdonamos? La iglesia no siempre ha sido clara ni ha ayudado al respecto, pero no olvidemos la manera en que la enseñanza cristiana puede ayudarnos a perdonar. Curiosamente, aunque ahora hay una abundante literatura psicológica sobre el perdón y una sorprendentemente mayor sobre la oración, casi nadie en la comunidad científica ha tenido en cuenta cómo la oración y el perdón van juntos. (Everett Worthington es una excepción en su notable libro *Forgiving and Reconciling* [Perdón y reconciliación]). Y sin embargo, esta ha sido la esencia de la enseñanza de la iglesia durante siglos. Cuando algunos alumnos y yo pedimos a un centenar de creyentes que explicaran cómo perdonaron alguna ofensa importante, la mitad de ellos mencionó la oración sin que nosotros les hubiéramos revelado el motivo de nuestra investigación.[28] Buscábamos oración. Más tarde, una alumna de doctorado y yo observamos que un tratamiento de oración promueve el perdón, y descubrimos que incrementa la

---

[27] Jones, *Embodying Forgiveness*.

[28] Mark R. McMinn y otros, "Forgiveness and Prayer," *Journal of Psychology and Christianity* 27 (2008): 101–9.

empatía hacia el agresor.[29] Esto no es novedad para quienes están familiarizados con el pensamiento cristiano.

La psicología del perdón puede beneficiar a la iglesia

Tras haber visto por qué y cómo perdonamos, la tercera pregunta a tener en cuenta es dónde perdonamos. Quienes han sido cristianos por largo tiempo reconocen lo difícil que puede ser mantener la comunión unos con otros, siendo todos pecadores que intentamos ser mejores imitando la gracia de Jesús.

La iglesia es un lugar vulnerable donde conocemos las rarezas, debilidades y puntos flacos de los demás. Y en el día a día nos herimos unos a otros con alarmante frecuencia.

Muchas veces me he imaginado cómo sería un cuerpo cuya curación fuera imposible. Solo piensa en cada mancha, roce, costra y herida que hayas experimentado hasta aquí en tu cuerpo. No es un bonito cuadro. ¿Qué nivel de deterioro, discapacidad y fealdad presentaría el cuerpo de Cristo, la iglesia, si no hubiera la posibilidad de perdonar?

¿Dónde perdonamos? Perdonamos en muchos lugares, pero tal vez de modo especial dentro de la comunidad de fe, donde hay múltiples oportunidades de herirnos unos a otros y también de aprender y crecer hasta alcanzar el carácter de Jesús. Si la ciencia de la psicología positiva puede ayudarnos tal solo un poco con la mecánica del perdón, la iglesia podrá convertirse en un reflejo más hermoso de la presencia de Dios en este mundo quebrantado.

El perdón en la consejería cristiana

Dije en la introducción que no hay muchos puentes tendidos entre la psicología positiva y la consejería, y aunque eso es cierto respecto de la mayoría de las virtudes tratadas en este libro, no es así en cuanto al perdón. Nathaniel Wade, a quien conocí cuando estudiaba en el Wheaton College, en el que yo enseñaba en aquel momento, publicó recientemente un meta-análisis de todos los estudios publicados e inéditos que él y sus colaboradores pudieron

---

[29] Sarah L. Vasiliauskas y Mark R. McMinn, "The Effects of a Prayer Intervention on the Process of Forgiveness," *Psychology of Religion and Spirituality* 5 (2013): 23–32.

encontrar sobre tratamientos psicoterapéuticos relacionados con el perdón.[30] Tras graduarse en Wheaton, Wade se doctoró en la Virginia Commonwealth University, donde había estudiado con Worthington. Wade, Worthington y otros dos colaboradores más, encontraron cincuenta y cuatro estudios que analizan el perdón en la psicoterapia y, por supuesto, los tratamientos sobre el perdón ayudan a los pacientes a perdonar. Los tratamientos sobre el perdón también les ayudan a sentirse menos deprimidos y con menos ansiedad, y a sentirse más esperanzados.

Los consejeros cristianos deberían conocer mejor el trabajo de Worthington así como el trabajo pionero de Robert Enright,[31] que han investigado y escrito acerca de las aplicaciones clínicas del perdón. Su trabajo es ilustrativo y se basa en evidencias. Hay que resaltar que, tanto Enright como Worthington, se ocupan del largo y arduo proceso involucrado. El perdón lleva tiempo, y es importante darle a la persona dañada el tiempo suficiente para sopesar el daño sufrido. De lo contrario, el perdón será poco más que excusar o pasar por alto la ofensa, pero no un perdón verdadero.

Dado que el capítulo 1 aboga por una especie de sabiduría crítica que nos invita a pensar de modo diferente, permíteme sugerir tres tipos de ideas no convencionales para los consejeros cristianos. Primero, a la mayoría de los pacientes les motivará los beneficios personales que aporta el perdón. Les ayuda a seguir adelante con sus vidas, y eso está bien. Los consejeros cristianos pueden estar contentos por este motivo, porque es bueno, y a la vez recordar que hay otros motivos que también son importantes. El principio cristiano de perdonar como somos perdonados no solo nos lleva a perdonar a quien nos ofende, sino que también hace que la fe sea más profunda y que seamos más conscientes del profundo regalo que Dios nos ha dado. Así que, tengamos en cuenta los beneficios personales del perdón con nuestros pacientes, al menos con los pacientes creyentes, pero no tenemos por qué pararnos ahí. Tener en cuenta otras razones para perdonar puede ayudar a desarrollar otras virtudes, incluidas las virtudes cristianas de la fe, la esperanza y el amor.

---

[30] Wade y otros, "Efficacy of Psychotherapeutic Interventions to Promote Forgiveness".

[31] Robert D. Enright, *Forgiveness Is a Choice: A Step-by-Step Process for Resolving Anger and Restoring Hope* (Washington, DC: American Psychological Association, 2001).

En segundo lugar, aunque no todos los que perdonan se reconcilien con quienes les ofenden, tampoco es imprescindible eludir las conversaciones sobre la reconciliación en la consejería. No sería prudente que quien ha sido agredido repetidamente por un compañero se reconcilie y vuelva a relacionarse con él, pero eso no quiere decir que nunca vaya a surgir algún deseo de reconciliación. Conforme el perdón progresa, es muy probable que la persona dañada exprese un cierto deseo de que la familia se recomponga, aunque parezca imposible que tal cosa pueda suceder. El consejero sensible será sabio si, consecuentemente, le recuerda al paciente que algo así será difícil que funcione, dado el historial de comportamiento anterior, pero seguirá diciéndole que tal deseo es válido. Ese es el *telos* del perdón, desear la reconciliación, sea que esta ocurra o no. Lo mismo es cierto para quien perdona a un ofensor que está muerto. Puede que la reconciliación nunca ocurra de este lado de la eternidad, pero quien perdona puede desearla. Y cuando ocurre es señal de plenitud y de virtud.

Por último, los consejeros cristianos debemos recordar la otra mitad de la ecuación del perdón. A veces las personas vienen buscando no tanto perdonar, como ser perdonados. Perdonarse a sí mismo, de lo que trato brevemente en el capítulo 6 bajo el título "La psicología y la gracia, juntas", forma parte del asunto, como también lo es ser perdonado por la persona que el paciente ha perjudicado. Necesitamos oídos para oír esto. Con demasiada frecuencia asumimos que los pacientes acuden a nosotros porque han sido profundamente heridos por otros, y muchas veces es cierto, pero otras veces vienen porque ellos han sido los ofensores y están buscando la manera de seguir adelante con sus vidas.

De todas estas maneras, podemos tratar de mantener a Cristo en el centro de la consejería cristiana. Jesús es nuestra referencia en cuanto a la virtud, el que nos muestra el camino cuando estamos confundidos y nos engañamos a nosotros mismos.

El perdón es central para el cristianismo, siendo Jesús el gran perdonador, el ejemplo de nuestra fe. Ojalá tengamos ojos para ver y oídos para oír a Jesús en nuestras iglesias, en nuestros gabinetes de consejería e incluso en nuestra ciencia.

CAPÍTULO 3
LA GRATITUD

¿Qué es lo que está mal? Ahora mismo, en este momento de tu vida, ¿a qué desafíos y problemas te enfrentas? Quizás hay tirantez en una amistad importante, o alguien valioso para ti está enfermo, o sufres una enfermedad grave. Tal vez te falta el dinero, o las obligaciones de la vida te estén asfixiando. Tal vez estás comprometido en una relación de la que deseas librarte, o no estás comprometido en ninguna relación y deseas comprometerte en una. ¿Tienes hábitos o adicciones que ejercen más poder en tu vida de lo que te gustaría, o alguien a quien quieres tiene problemas? Tal vez te preocupa un hijo, adulto o no. Los problemas de ansiedad y depresión pueden estar pisándote los talones. Hay tantos problemas en la vida, y cada día nuestra mente gravita hacia ellos de muchas maneras.

Posiblemente, no pensar en los problemas cotidianos sea algo imposible. Se trata de problemas reales que reclaman nuestra atención. Pero este capítulo intenta llevarnos a un punto de equilibrio.

¿Qué es lo correcto? Ahora mismo, en este momento, ¿cuáles son los regalos y bendiciones que nos rodean? Si te encuentras al aire libre puedes detenerte y mirar las nubes del cielo, recordando que las nubes nunca volverán a tener la misma forma exacta.

Fíjate en los sonidos que te rodean, las sonrisas en el rostro de la gente que conoces, las invitaciones a una buena comida, el aire que respiras y la belleza del momento presente. Quizás pienses en personas, las que has conocido en el pasado y las que conoces hoy. Personas que te han dado compañía, sabiduría y puede que amor. Piensa en el privilegio de saber leer, de vivir en un tiempo en el que disfrutas de agua corriente y saneamientos en casa, de electricidad y de teléfonos inteligentes. Medita sobre los regalos que Dios te da: el don de la gracia, la vida y la esperanza, el regalo de Jesús que cambia la vida. Piensa en las personas que creen en ti, en las que te inspiran, en las que han sido amables, comprensivas y sinceras contigo. Considera y aprecia todos estos regalos, afírmate en un espacio de gratitud.

El párrafo anterior usa la palabra "regalo" o "don" varias veces. No es por casualidad el que conecte gratitud y regalos, porque existe una relación entre ambos. "La gratitud es una sensación de agradecimiento y alegría por recibir un regalo, ya sea el regalo un beneficio tangible de una persona concreta o un momento apacible de felicidad evocado por la belleza natural".[1] Muchos de nosotros hemos tenido la experiencia de hacer un regalo a alguien ingrato. "Este color no me gusta". O: "Vaya, esperaba… (completar el espacio en blanco)". O: "¿Dónde está mi próximo regalo?" Y puede que hayamos tenido la experiencia contraria, gozosa, en la que quien recibe nuestro regalo se echa a llorar agradecido. Esta es la diferencia entre derecho y gratitud, y resulta ser una distinción muy importante para nuestro bienestar físico, emocional y espiritual. Ojalá que aprendamos a ser de aquellos que reciben con gratitud los regalos que se les ofrecen todos los días. Ojalá seamos plenamente agradecidos a Dios y los unos con los otros.

Lucas cuenta una anécdota sobre la gratitud, intercalada entre las historias de fe y el apocalipsis, en el capítulo 17 de su Evangelio. Jesús sana a diez leprosos, y uno de ellos, de una cultura diferente, vuelve a reconocer el inmenso regalo de la curación recibida. Todos podemos decidir ser agradecidos en medio de los problemas de la vida.

---

[1] Christopher Peterson y Martin E. P. Seligman, *Character Strengths and Virtues: A Handbook and Classification* (Washington, DC: American Psychological Association; New York: Oxford University Press, 2004), 554.

¿ES LA GRATITUD UNA VIRTUD?

Mira las virtudes helénicas clásicas: prudencia, justicia, fortaleza y templanza, y no hay ni rastro de la gratitud. Añade las virtudes cristianas, fe, esperanza y amor, y aun así, la gratitud no aparece en la lista. Considera las siete virtudes celestiales que contrarrestan los siete pecados capitales: castidad, templanza, caridad, diligencia, paciencia, bondad y humildad. Y sigue sin aparecer la gratitud. Entonces, ¿es la gratitud una virtud? y, si no lo es, ¿qué pinta en un libro titulado, *Psicología de la virtud*?

El asunto se remonta a Aristóteles, uno de los filósofos griegos que configuró nuestro concepto de virtud durante los últimos veintitrés siglos. Aristóteles entendió que la virtud era aportar beneficios a los demás. La persona virtuosa es quien da, no quien recibe.[2] En cierto sentido, este punto de vista es muy atractivo. Si la sociedad estuviera compuesta por quienes entienden que la virtud consiste en recibir más que en dar, imagina tan solo los problemas que tendríamos con lo que cada cual considera sus derechos y con la pasividad. Según el apóstol Pablo (Hch 20:35), el mismo Jesús enseñó: "Más bienaventurado es dar que recibir".

Con todo, creo que debemos considerar a la gratitud como una virtud. En primer lugar, Aristóteles escribía en un contexto pre-cristiano. Él veía la virtud en la fortaleza de dar a los demás, y es verdad que esto coincide con el carácter de Jesús, quien se consagró a atender con compasión a cuantos le rodeaban. Pero lo más importante de la vida, muerte y resurrección de Cristo, que era desconocido para Aristóteles, transforma completamente el dar y el recibir. La esencia de seguir a Cristo es que recibimos antes de que demos. Nuestra fuerza se descubre más plenamente en medio de nuestra debilidad (2 Co 12:10), y confesamos que no podemos salvarnos por nosotros mismos. Somos los leprosos que el Señor sanó y, ojalá que seamos aquel de los diez que regresa para dar gracias por el regalo que Jesús nos da. Para ser justos con Aristóteles, hay que señalar que algunos filósofos actuales piensan que la gratitud puede caber en la visión aristotélica de la virtud

---

[2] Robert Emmons y Michael McCullough, *The Psychology of Gratitude* (New York: Oxford University Press, 2004), 73.

más de lo que se pensaba antes.[3] Vale la pena señalar también que Cicerón, filósofo romano, escribiendo un par de siglos después de Aristóteles, y uno de cuyos escritos influenció más tarde a Agustín hacia el cristianismo, describió la gratitud como la "madre de todas las virtudes".

En segundo lugar, en la introducción de este libro, defiendo que la virtud nos hace desviar nuestra mirada de nosotros mismos hacia los demás. La virtud cristiana se manifiesta más claramente cuando amamos a Dios y al prójimo. En este sentido, la gratitud es una virtud porque nos lleva más allá de nuestra tendencia natural egocéntrica y nos permite ver al prójimo, y darle las gracias. El psicólogo Robert Emmons identifica a nuestro personalismo exagerado como el mayor obstáculo para una vida agradecida, y así ha sido siempre.[4] La gratitud nos llama a la humildad, reconociendo que ni podemos ni necesitamos ser autosuficientes.

En tercer lugar, apelo al sentido común sobre cómo vivir bien la vida. Hace unos años, nuestro amigo Mike nos preguntó a Lisa y a mí mientras disfrutábamos los tres juntos de una comida: "Cuando tengas ochenta años, sentado en una mecedora en el porche delantero, ¿qué es lo que realmente te importará?" He meditado mucho a lo largo de mi vida sobre la pregunta de Mike, quizás más al avanzar década tras década acercándome a los ochenta. Cuando pienso en vivir, envejecer y morir bien, pienso en la gratitud. Dudo que me siente en mi porche a los ochenta años y piense: "He dado más de lo que he recibido". Espero no pensar solo en aquellas cosas de las que haya de arrepentirme, aunque seguramente me arrepentiré de algunas. En cambio, espero meditar sobre los muchos regalos que la vida me ha dado. Algunos te son dados durante muchos años, como el amor de tu cónyuge, y otros son fugaces, como el trino de un pájaro en una mañana cualquiera de verano o el sabor de una fresa de Oregón recién cortada. Cualquiera que haya sido la medida de la gracia en mi vida, sospecho que mi mente descansará tranquilamente en el mayor regalo de todos, que es esa gracia. Siento que eso ya está sucediendo y confío en que continuará siendo así si tengo

---

[3] Kristján Kristjánsson, "An Aristotelian Virtue of Gratitude," *Topoi* 34 (2015): 499–511.

[4] Robert Emmons, *Gratitude Works! A 21-Day Program for Creating Emotional Prosperity* (San Francisco: Jossey-Bass, 2013).

la bendición de vivir hasta los ochenta años o más. Y si lo hago, espero pasar mucho tiempo meciéndome en el porche de entrada pensando en la pregunta de Mike y todo lo acontecido en los años transcurridos.

Huston Smith, experto reconocido en filosofía y religiones del mundo, escribió el que puede ser su último libro a los noventa y tres años, *And Live Rejoicing* (Y vive contento)[5]. El título de la sección final en su libro es "Las dos virtudes categóricas e incondicionales", refiriéndose a la gratitud y a la empatía. Las dos están muy relacionadas ya que las personas agradecidas también suelen ser empáticas.

En Lucas 18, Jesús habla de dos hombres que oran en el templo. Uno, fariseo, mostraba una forma superficial de gratitud sin empatía: "Dios, te doy gracias porque no soy como los otros hombres: ladrones, injustos, adúlteros, ni aun como este publicano; ayuno dos veces a la semana, diezmo de todo lo que gano" (vv. 11–12). El otro, un "publicano" despreciado (v. 10), hablaba palabras sencillas que han estado resonando en la cristiandad entera durante dos milenios: "Dios, sé propicio a mí, pecador" (v. 13). Conocida simplemente como la Oración de Jesús, estas palabras reflejan una actitud de humildad, arraigada en las virtudes de la gratitud, a medida que la oración anticipa las dádivas del perdón y la gracia, así como la empatía, ya que el orante se niega a exaltarse a sí mismo por encima de los demás y ve la igualdad que abarca a toda la humanidad.

PSICOLOGÍA DE LA GRATITUD

No hay muchos estudios científicos que cambien el mundo, pero el mundo científico se vio seriamente afectado en 2003 cuando dos eruditos cristianos, Robert Emmons y Michael McCullough, publicaron en una importante revista científica los resultados de tres ensayos aleatorios sobre la gratitud. En uno de sus estudios asignaron aleatoriamente estudiantes de bachillerato a una de entre tres categorías. A un tercio de los estudiantes se les pidió que mantuvieran un diario semanal de agradecimientos.

---

[5] Huston Smith y Phil Cousineau, *And Live Rejoicing: Chapters from a Charmed Life* (Novato, CA: New World Library, 2012).

Un segundo grupo tenía que hacer una lista de los problemas a los que se enfrentaron durante esa semana. Un tercer grupo, que sirvió de control, simplemente tenía que describir algunas cosas que ocurrieron durante la semana. Los estudiantes lo hicieron durante diez semanas; después los investigadores hicieron un seguimiento con ellos de nueve semanas más. Al final del estudio, los del grupo de problemas estaban más o menos como los del grupo que se ocupaba de los acontecimientos, pero los del grupo de agradecimiento respondieron algunas cosas interesantes. No extrañó a nadie que el agradecimiento diario aumentara el optimismo, una apreciación favorable de la vida, etc. Pero Emmons y McCullough descubrieron también que aquellos a quienes se les asignó al azar mantener un diario de agradecimientos dijeron que habían hecho más ejercicio, dormían mejor e iban menos al médico que los que tenían asignado otro tipo de diario. Emmons y McCullough llevaron a cabo un estudio similar con un grupo de pacientes con enfermedades neuromusculares, manteniendo diariamente durante veintiún días un diario de agradecimientos en vez de hacerlo semanalmente. De nuevo vieron que quienes estaban en el grupo de agradecimientos reportaban más emociones positivas, menos negativas y más optimismo. El informe del grupo de agradecimientos también manifestó que las relaciones con los demás eran mejores, que dormían más que los del grupo de control y que se sentían más descansados por la mañana. Al interpretar estos resultados es importante tener en cuenta que el diseño experimental de estos estudios se hizo con asignaciones aleatorias reales. Esto quiere decir que los participantes en el estudio no eligieron por sí mismos en cuál de las categorías experimentales participarían, sino que fueron seleccionados al azar y luego asignados a una categoría experimental concreta. Este es el patrón de oro en la investigación de las ciencias sociales, lo que significa que podemos inferir algún nivel de causalidad.

Cuadro 3:1
Diario de agradecimientos

Puede que ya hayas oído hablar del diario de agradecimientos, pero hasta hace poco era una idea nueva. ¡Robert Emmons fue pionero en el uso del diario en sus numerosos estudios sobre la gratitud y ha resumido muchos de los descubrimientos más importantes en *Gratitude Works!* (¡La gratitud funciona!)*

A continuación se dan las instrucciones de Emmons y McCullough para su estudio pionero sobre el diario de agradecimientos:

Hay muchas cosas en nuestras vidas, grandes y pequeñas, por las que deberíamos dar gracias. Piensa en la semana pasada y escribe en las líneas que siguen cinco cosas de tu vida por las que estás agradecido.**

La idea básica es detallar varias experiencias que hayas tenido recientemente por las que estés agradecido. Escribe una frase para cada una de ellas. ¡Hay algunas otras claves que Emmon da en *Gratitude Works!* para hacer bien el registro diario de agradecimientos.

1. Evita el exceso
Parece que escribir todos los días puede que no sea tan eficaz para promover la gratitud como hacerlo un par de veces a la semana. Emmons llama a este fenómeno "cansancio de dar gracias".

2. Está bien recordar problemas y luchas
Podemos pensar que la gratitud requiere sacar a relucir los problemas, pero no se trata de eso. Recordar un fracaso o un problema del pasado a menudo nos prepara para ver momentos de gran avance, o para preverlos, y también en el proceso de sentir gratitud y esperanza.

3. Resta
"Cuenta tus bendiciones" suena a suma, pero intenta restar mientras escribes. Imagínate la vida sin tu hijo, sin tu cónyuge, sin fe, sin trabajo o sin comunidad. Hacerlo nos ayuda a reconocer los regalos de la vida que fácilmente podemos dar por sentado.

4. ¡Sorpresa!
Trata de encontrar sorpresas en tu vida, ya que generan más gratitud que la mayoría de las cosas rutinarias.

5. Las personas están por encima de las cosas
Está bien dar gracias por un barco nuevo o por una casa antigua, pero es aún mejor estar agradecido por las personas que forman parte de tu vida, pasada y presente.

Para más información sobre el diario de agradecimientos consulta a Emmons, *Gratitude Works!* o a Jason Marsh, "Tips for Keeping a Gratitude Journal", Greater Good Science Center, 17 de noviembre de 2011, http://greatergood.berkeley.edu/article/item/tips for_keeping_a_gratitude_journal.

*Robert Emmons, *Gratitude Works! A 21-Day Program for Creating Emotional Prosperity* (San Francisco: Jossey-Bass, 2013).
**Robert A. Emmons y Michael E. McCullough, "Counting Blessings versus Burdens: Experimental Studies of Gratitude and Subjective Well-Being," *Journal of Personality and Social Psychology* 84 (2003): 379.

Dicho de otro modo, la gratitud nos cambia. Hacia el final de su artículo académico, Emmons y McCullough hablan de una espiral ascendente donde la gratitud nos hace más sociales y nos coloca en mejor sintonía con nuestro entorno social y con el modo en el que dicho entorno nos aporta amor y sentido de pertenencia. Los investigadores señalan también que la gratitud promueve la sensibilidad espiritual, amplía la flexibilidad cognitiva y emocional y nos ayuda a combatir el estrés.[6]

El interés por la gratitud comenzó cuando Emmons y McCullough publicaron sus descubrimientos, pero desde entonces se ha constituido en un *boom*. En los últimos quince años, docenas de estudios adicionales han relacionado la gratitud con la salud mental, física y espiritual. No voy a revisar aquí toda la literatura sobre la gratitud, pero resaltaré algunos descubrimientos esenciales.

La gratitud es beneficiosa para la salud

Si pasas mucho tiempo en Internet o leyendo revistas populares, probablemente hayas visto cuestionarios y listas de verificación sobre cómo tener una vida saludable. No fumes, bebe un poco de alcohol, pero no demasiado, come mucha fruta y verduras y no demasiadas grasas saturadas y azúcar, controla tu peso, usa el cinturón de seguridad, evita las relaciones sexuales sin protección, haz ejercicio ciento cincuenta minutos por semana, etc. Sorprende ver lo poco que en estas listas incluyen factores psicosociales, como la gratitud. Las pruebas aportadas por las investigaciones que demuestra la conexión que existe entre la gratitud y salud son ya enormes.

Alex Wood de la Universidad de Manchester y sus colaboradores publicaron un útil estudio en 2010 que muestra las muchas

---

[6] Robert A. Emmons y Michael E. McCullough, "Counting Blessings versus Burdens: Experimental Studies of Gratitude and Subjective Well-Being," *Journal of Personality and Social Psychology* 84 (2003): 377–89.

conexiones existentes entre la gratitud y la salud psicosocial.[7] La gratitud se asocia con el incremento del estado de ánimo positivo, la amabilidad, la autoestima, la sensación de bienestar y satisfacción vital. Las personas agradecidas tienen un menor riesgo de depresión que otras, así como una menor probabilidad de sufrir trastornos de ansiedad, fobias, trastornos alimenticios, tabaquismo y abuso de alcohol o drogas. Las personas agradecidas son menos materialistas que otras y experimentan una mejor motivación diaria.

Wood y sus colaboradores resumen cómo la gratitud promueve las relaciones sociales. En comparación con los demás, las personas agradecidas están más motivadas para mejorar sus relaciones, son más propensas a responder a los gestos amables y más dispuestas a perdonar. Suelen alabar y confiar en los demás, aceptan actos desinteresados por parte de otros, ayudan y se sienten apoyados socialmente. Quienes están agradecidos suelen pensar positivamente de los demás, expresar sus sentimientos y encontrar formas significativas de resolver conflictos. Aunque la mayoría de los estudios de Wood y sus colaboradores están interrelacionados, las pruebas apoyan la posibilidad de que haya algunos vínculos causales entre la gratitud y el bienestar. Según esto, las pruebas aportadas por Sara Algoe y sus colaboradores sugieren que expresar agradecimiento en una relación amorosa mejora la relación en los seis meses siguientes.[8] Además, la gratitud del uno promueve la gratitud del otro.[9]

Las evidencias más recientes señalan las conexiones existentes entre la gratitud, la espiritualidad y la función cardiovascular. Paul Mills y sus colaboradores[10] nos dicen que entre los pacientes con insuficiencia cardíaca la gratitud está asociada a dormir mejor, a menor depresión, menor cansancio y mejores niveles de inflamación. Estas mismas variables están asociadas con la espiritualidad, pero los autores nos dicen que la conexión entre la espiritualidad

---

[7] Alex M. Wood, Jeffrey J. Froh, y Adam W. A. Geraghty, "Gratitude and Well-Being: A Review and Theoretical Integration," *Clinical Psychology Review* 30 (2010): 890–905.

[8] Sara B. Algoe, Barbara L. Fredrickson, y Shelly L. Gable, "The Social Functions of the Emotion of Gratitude via Expression," *Emotion* 13 (2013): 605–9.

[9] Amie M. Gordon y otros, "To Have and to Hold: Gratitude Promotes Relationship Maintenance in Intimate Bonds," *Journal of Personality and Social Psychology* 103 (2012): 257–74.

[10] Paul J. Mills y otros, "The Role of Gratitude in Spiritual Well-Being in Asymptomatic Heart Failure Patients," *Spirituality in Clinical Practice* 2 (2015): 5–17.

y estos marcadores de salud se explica en gran medida por la mayor gratitud que sienten las personas espiritualmente motivadas. En el informe del seguimiento, Mills advierte que llevar un diario de agradecimientos como forma de promover la gratitud entre los pacientes con insuficiencia cardíaca produjo beneficios fisiológicos. Él y sus colaboradores concluyen: "El diario de agradecimientos es un tratamiento barato y fácil de llevar a cabo que puede tener efectos beneficiosos importantes para mejorar la salud en pacientes cardíacos. Un corazón más agradecido puede ser un corazón más sano".[11]

El ocuparse de la gratitud y la salud del corazón representa un gran cambio desde los días de mi formación universitaria. En la década de 1980, los interesados en medicina conductual estudiaron los aspectos negativos de las emociones y cómo afectan estas la salud del corazón. Se trabajó mucho sobre la personalidad del tipo A, —la persona que se siente constantemente presionada para hacer cada vez más en menos tiempo. Los investigadores consideran que este tipo de estilo de vida de alta presión está relacionado con una negativa salud coronaria. Aunque esta conexión sigue siendo probable, los investigadores ven tantas excepciones desconcertantes que identificar o no a alguien como del tipo A no sirve para mucho. La investigación actual en la medicina conductual tiende a considerar las emociones más positivas, como la gratitud y cómo esta puede estar relacionada con la salud.

¿Qué pasa con los tratamientos de gratitud?

Debido a que la mayoría de los estudios sobre la gratitud y la salud manifiestan que las dos están relacionadas entre sí positivamente, puedo afirmar con seguridad que la gratitud es buena para la salud. Según los descubrimientos científicos, el vínculo entre las dos es fuerte y sólido: las personas agradecidas experimentan diversos beneficios en su salud psicosocial, en sus relaciones y, seguramente, en su salud física.

Pero ¿pueden las personas que por naturaleza no son agradecidas aprender a ser más agradecidas? Y si se vuelven más

---

[11] Paul J. Mills, Laura Redwine, y Deepak Chopra, "A Grateful Heart May Be a Healthier Heart," *Spirituality in Clinical Practice* 2 (2015): 24.

agradecidos, ¿experimentarán los mismos beneficios en su salud que aquellos que por naturaleza son agradecidos? Las evidencias no están claras.

Retrocedamos por un momento. Anteriormente, en el capítulo primero, cité algunas investigaciones pioneras realizadas por Emmons y McCullough que demuestran que mantener un diario de agradecimientos produjo muy buenos resultados en estudiantes universitarios y adultos con enfermedades neuromusculares. Tras su publicación, esos descubrimientos llamaron mucho la atención. Parece claro que los tratamientos de gratitud hacen que las personas estén más sanas. No es sorprendente que los ejercicios de gratitud se hicieran populares. Se han desarrollado aplicaciones para teléfonos inteligentes, se han publicado libros de gran difusión y hay *bloggers* que han promovido el diario de agradecimientos. Pero ¿son eficaces estos ejercicios?

Los científicos utilizan algo llamado *efecto del tamaño* para determinar la eficacia de un tratamiento. Un efecto del tamaño de 0,2 se considera relativamente pequeño; 0,5 es moderado y 0,8 es grande. Al comparar el grupo del diario de agradecimientos con los que anotaron los problemas cotidianos, los efectos del tamaño para promover la gratitud en los estudios de Emmons y McCullough fueron de 0,56 y 0,88. Estos son efectos del tamaño considerables, pero no todos los estudios posteriores han mostrado efectos del tamaño igualmente altos.

La realización de múltiples estudios sobre un tema permite a los investigadores realizar un meta-análisis en el que se tienen en cuenta una serie de estudios publicados e inéditos sobre un tema, como en el caso del meta-análisis del perdón descrito en el capítulo 2.

Don Davis y sus colaboradores completaron recientemente un amplio meta-análisis sobre los tratamientos de gratitud y descubrieron que el efecto del tamaño promedio es de aproximadamente 0,46 si se compara un ejercicio de gratitud (por ejemplo, un diario de agradecimientos) con un ejercicio alternativo (por ejemplo, el diario de problemas).[12] Pero hemos de preguntarnos si llevar un diario de problemas podría en realidad añadir presión a la vida de una persona, por lo que un mejor modo de comparar

---

[12] Don E. Davis y otros, "Thankful for the Little Things: A Meta-analysis of Gratitude Interventions," *Journal of Counseling Psychology* 63 (2016): 20-31.

sería llevar el registro del diario de agradecimientos en vez de no aplicar tratamiento alguno. Si tenemos esto en cuenta, el efecto del tamaño promedio se reduce al 0,2.

La otra pregunta que hay que hacerse es si medir la gratitud es la mejor manera de medir los resultados de los estudios de gratitud. El diario de agradecimientos puede aumentar la gratitud, aunque sea un poco, pero si decimos que la gratitud tiene otros efectos beneficiosos para la salud, entonces el efecto del tamaño de estos otros índices de salud puede ser más significativo que simplemente medir los cambios en el nivel de gratitud. Al observar las variables de bienestar psicológico, Davis y sus colaboradores descubrieron que era mejor actuar con tratamientos de gratitud que no hacer nada (efecto del tamaño promedio de 0,31) y mostraron mejoras muy modestas con respecto al ejercicio alternativo, como el registro diario de problemas (efecto del tamaño promedio de 0,17).

¿Qué quieren decir todos estos números? Los tratamientos de gratitud, como llevar el diario, pueden ayudar un poco si las personas desean ser más agradecidas y estar psicológicamente mejor, pero los efectos del tamaño no son particularmente importantes. Añadir ejercicios de gratitud a la agenda diaria probablemente no sea tan útil como ciertos comportamientos saludables. Usa el cinturón de seguridad. Come más verduras. Haz ejercicio. Y sí, sé agradecido, pero no esperes que beneficie tanto tu salud como lo harán estas otras cosas.

Resumen: está totalmente claro que las personas agradecidas gozan de mejor salud que las otras. No está tan claro que los tratamientos de gratitud hagan que las personas sean más agradecidas. Hay personas que por naturaleza son más agradecidas, lo que redundará en buena salud. Otros tienen que hacer esfuerzos para ser más agradecidos, y aunque es probable que el esfuerzo contribuya a su salud y mejore el nivel general de agradecimiento, el beneficio puede no ser grande.

VISIÓN CRISTIANA DE LA GRATITUD

Mi esposa, Lisa, que tiene un doctorado en sociología y ha escrito un libro sobre el tema del contentamiento,[13] ha sido una buena

---

[13] Lisa McMinn, *The Contented Soul: The Art of Savoring Life* (Downers Grove, IL: InterVarsity, 2006).

interlocutora mientras escribo este capítulo. Esta mañana, compartiendo la harina de avena con arándanos frescos de Oregón, le hice a Lisa un resumen sobre la psicología de la gratitud, tal como acabo de hacer en los párrafos anteriores. Lo que me dijo me sorprendió, y con razón.

Tras oír que hay personas que por naturaleza son agradecidas y que los esfuerzos por aumentar la gratitud no siempre son lo suficientemente eficaces, me miró con curiosidad y me preguntó qué importancia podía tener tal cosa. En su mente —y creo que tiene razón— no es particularmente relevante el obtener beneficio por ser agradecidos. La gratitud es simplemente el modo de vida al que estamos llamados a vivir como cristianos. A algunas personas les puede costar más trabajo que a otras, y puede que nos haga más sanos o no, pero crecer hasta ser más agradecidos en el día a día sigue siendo parte de nuestra vocación. Es lo que tenemos que ser, independientemente de lo bueno que pueda ser para nuestra salud.

En su último libro, *To the Table* (A la mesa), Lisa hace una descripción bastante amplia del estilo de vida agrícola que ahora vivimos y cómo nos motiva a ser agradecidos.[14] Lo ilustraré con un ejemplo sobre la recogida de la miel.

Durante casi un decenio, hemos sido apicultores aficionados. La mayoría de los años tenemos cuatro colonias de abejas italianas, aunque ha sido cada vez más difícil mantener las colmenas vivas durante el invierno mientras ha durado el problema del colapso de las colonias. Pero en los años buenos, y hemos tenido algunos, recogemos la miel a mediados de agosto. "Recoger" es en cierta manera un eufemismo ya que en realidad estamos robándole la miel a las abejas que han trabajado todo el verano para almacenarla. (En nuestra defensa, les dejamos muchas cosas para el invierno y les robamos el sobrante que han elaborado). Una vez reunidos todos los panales de las colmenas los llevamos a nuestro cobertizo, donde instalamos una centrifugadora y extraemos la miel del panal. Después la envasamos y la almacenamos para nuestro propio consumo o la vendemos a los miembros de la cooperativa agrícola en la que trabajamos cada verano.

---

[14] Lisa McMinn, *To the Table: A Spirituality of Food, Farming, and Community* (Grand Rapids: Brazos, 2016).

Recoger la miel resulta ser un negocio complicado. Es pegajoso, y las manos se nos llenan de miel cuando metemos o sacamos los panales de la centrifugadora, o en los envases de vidrio. Lo que significa que el día de la cosecha nos lavamos las manos muchísimas veces. A menudo, cuando Lisa se dirige al fregadero en el cobertizo, aprovecha la oportunidad para chuparse un poco la miel de sus dedos antes de lavarse las manos, y cuando lo hace, siempre muestra un gesto de regusto. A veces ella dice: "¡Madre mía!". A veces es solo, "Mmmmmm". Es casi involuntario. La miel gusta, es normal. Y esta puede ser la mejor metáfora que puedo ofrecer para la gratitud y la vida cristiana. Al escribir en mi *blog* sobre el asunto lo resumí así: "La exagerada expresión de deliciosa alegría de Lisa era casi involuntaria, como si la gratitud necesitara de efectos sonoros. Eso es lo que yo quiero vivir, y no solo por causa de la miel. Quiero suspirar de alegría viendo las colinas en el horizonte o al respirar el aire fresco de una mañana otoñal, al visitar a mis hijos y nietos, por tener una idea nueva y cuando pienso en el gozo de realizar un trabajo bien hecho".[15] ¿Es buena la gratitud para nuestra salud? Seguramente. Pero ese no es realmente el punto principal del cristianismo, ¿verdad? En medio de los muchos problemas y desafíos de la vida —y toda vida los tiene— se nos ha regalado lo más increíble. Es el regalo de la vida abundante en Jesús, y la respuesta más razonable es dar gracias.

En el cuadro 3.2 incluyo una serie de maneras de practicar el agradecimiento que corresponden a la vida cristiana. Puede que disminuyan o no nuestra presión sanguínea o que alarguen los años de nuestra vida, pero muestran la forma en que estamos llamados a vivir como cristianos.

EL *TELOS* DE LA GRATITUD

En cada uno de estos capítulos hemos estado vislumbrando la noción del *telos*, lo que una persona madura puede ser en relación con las virtudes que estamos estudiando. Como ya se ha dicho,

---

[15] Mark R. McMinn, "Flowing like Honey: Gratitude & the Good Life," *Biola University Center for Christian Thought*, July 28, 2014, http://cct.biola.edu/blog/flowing-honey-gratitude-good-life.

Aristóteles entendió que la persona con "grandeza de corazón" era dadora y no tanto receptora, pero en una cosmovisión cristiana somos inevitablemente receptores.

Veo a Jesús en el aposento alto el día antes de su crucifixión queriendo lavarle los pies a Pedro. Al principio, Pedro se niega, quizás identificándose con la persona de "grandeza de corazón" que Aristóteles había imaginado varios siglos antes: "¡No!", exclama Pedro, "¡no me lavarás los pies jamás!" Como Pedro, suelo ser terriblemente independiente, autosuficiente, recalcando que no necesito la ayuda de nadie.

Cuadro 3.2
Cómo practicar el agradecimiento

Estas son algunas formas de practicar el agradecimiento.

Incluyendo oraciones al dar gracias por los alimentos
Los creyentes que oran espontáneamente por los alimentos y quienes hacen una oración típica a la hora de comer pueden acabar en el mismo sitio diciendo palabras repetitivas que simplemente rebotan en los oídos en vez de penetrar en el alma. Quizá sea tiempo de probar algo nuevo.

Escribe un salmo
Un típico ejercicio de gratitud es escribir una carta a alguien que te haya influenciado de manera positiva. Hay quienes van un paso más allá y te animan a que visites a la persona y le leas la carta de viva voz. Las dos son buenas ideas, pero te propongo una variante que puede promover tanto la gratitud como la consciencia de Dios. Trata de escribir palabras de agradecimiento a Dios, quizás como si fuera un Salmo. Escribe sobre la fidelidad, la bondad y el amor de Dios, y cómo has experimentado esas cosas a diario. Al igual que con el rey David en los salmos del Antiguo Testamento, es bueno preguntar y expresas nuestras luchas espirituales también, pero comenzar y terminar el salmo proclamando la bondad de Dios. Y si te atreves, intenta leerlo en voz alta cuando lo hayas terminado.

Jesús nos dice a Pedro y a mí: "Si no te lavo, no tendrás parte conmigo". Y esta es la palabra que cambió la vida de Pedro y la mía, y la de cualquier otra persona que quiera que así sea. Podemos depender de nosotros mismos, proclamar nuestra suficiencia y ser individualistas con grandeza de corazón, o podemos humillarnos y reconocer lo mucho que necesitamos lo que Jesús nos da. Como el publicano en el templo podemos decir tan solo: "Dios, sé propicio a mí, pecador" (Lc 18:13). Pedro usa otras palabras para expresar lo mismo: "¡Señor, no solo mis pies, sino también las manos y la cabeza!" (Jn 13:9).

Así que este es el *telos* de la gratitud, que se resume en tres pasos básicos, que no coinciden con los pasos señalados por los creyentes que están investigando acerca de la gratitud.[16] Primero, reconocemos que se nos da un regalo, aunque no lo merezcamos. Segundo, reconocemos que la procedencia del regalo viene de fuera de nosotros mismos. Otro nos ofrece el regalo. Tercero, en vez de renunciar al regalo y resaltar nuestra autosuficiencia, lo recibimos con gratitud, reconociendo que el regalo es bueno así como el donante.

Paseo de oración

Camina tranquilamente y observa el paisaje, los olores y los sonidos de tu barrio. Disfruta del aroma de la pizza recién hecha, del brillo del sol o la frescura de la lluvia, de la exuberancia de los niños. Suelen ser actividades típicas de agradecimiento, pero intenta añadir un componente de oración al paseo. Habla con Dios mientras paseas. Dile a Dios lo que sientes, lo que amas de esta vida agradable. Da gracias a Dios por los hermosos regalos a recibir cada día y por acompañarte en tu paseo.

Examen diario
Una práctica jesuita habitual es el *Examen diario*, una pausa de oración en la tarde para reflexionar sobre la presencia de Dios a lo largo del día. El examen implica ser consciente de la presencia de Dios, recordar el día con agradecimiento, prestar atención a las propias vivencias y sentimientos, escoger una parte del día para meditar en oración y mirar hacia el futuro.

Llevar un diario
El diario de agradecimientos ha sido muy utilizado en muchos estudios científicos sobre la gratitud y se ha relacionado con varios beneficios para la salud (para más información, consulta el cuadro 3.1).

---

[16] Davis y otros, "Thankful for the Little Things"; Emmons and McCullough, "Counting Blessings versus Burdens."

Los científicos sociales llaman a esto detectar los beneficios: ser capaces de valorar los regalos que nos hacen, aun en tiempos de angustia y dificultad. No sorprende que el resultado sea que el compromiso religioso y las formas religiosas de tolerancia ayuden a promover la detección de beneficios y, por tanto, la gratitud.[17]

Esta es sin más la secuencia de la gratitud: percibir con humildad el regalo, ver al dador y aceptar los dos. Y cuando cogemos el ritmo ponemos en marcha la espiral ascendente que Emmons y McCullough describen tan bien: hacemos que se desarrollen relaciones significativas, que estemos más en sintonía con la espiritualidad, que seamos cada vez más compasivos con los demás y que aprendamos a ser bondadosos y flexibles con nosotros mismos y con quienes nos rodean.[18] La espiral ascendente despierta en nosotros una mayor conciencia de los regalos de que disfrutamos en la vida cotidiana, y al hacerlo nos motiva a que profundicemos más en nuestra vida espiritual. Cuanto más agradecidos somos, más agradecidos nos sentimos y más vemos las huellas de Dios en cada regalo que la vida nos ofrece.

LA GRATITUD DE LA PSICOLOGÍA Y LA CRISTIANA, JUNTAS

Una vez más, como en cada capítulo, nos preguntamos cómo mantener juntas la psicología y la fe, haciendo que ambas enriquezcan nuestras ideas y nuestros debates. Empíricamente, parece un contacto bastante natural, especialmente en lo que tiene que ver con las comunidades de fe. Las expresiones sonoras de Lisa cuando recoge la miel ilustran cómo quiero vivir la vida, siendo consciente de cuantos regalos me da, viviendo después cada día para celebrar tales obsequios. Pero en realidad, con facilidad permito verme impedido por las responsabilidades y los desafíos a los que me enfrento. La mayoría de los días estoy demasiado ocupado y, a menudo, eso entorpece mi visión de lo que es la gratitud. Soy un pecador propenso a mirar la vida a través del filtro de mi

---

[17] David H. Rosmarin y otros, "Maintaining a Grateful Disposition in the Face of Distress: The Role of Religious Coping," *Psychology of Religion and Spirituality* 8 (2015): 134–40.
[18] Emmons y McCullough, "Counting Blessings versus Burdens."

propio interés, lo que me hace pensar demasiado en mí mismo a expensas de percibir los magníficos regalos que la vida me da en cada momento. El agradecimiento en el que quiero vivir no es lo que realmente vivo en cada momento. Solo desearía que hubiera un botón de reinicio para hacerme volver a una forma equilibrada de vida en la que poder respirar la gracia que Dios me ofrece en cada momento y percibir los muchos regalos que hacen que la vida sea rica y significativa.

Un momento. Sí hay un botón de reinicio.

Lisa y yo asistimos al culto todos los domingos por la mañana en la Iglesia Newberg Friends, una congregación evangélica de cuáqueros mejor conocida como el lugar en el que Richard Foster, el autor de *Celebration of Discipline* (*Celebración de la disciplina*), pastoreaba. Participando semana tras semana en esta congregación de amigos, cantando juntos, aprendiendo del sermón semanal, disfrutando de oportunidades para servir a los demás en amor, oyendo a Dios en silencio congregacional, nos volvimos a centrar y encontrar la visión. Al centrarnos espiritualmente vino una mayor concienciación acerca de las virtudes.

> Vestíos, pues, como escogidos de Dios, santos y amados, de entrañable misericordia, de bondad, de humildad, de mansedumbre, de paciencia. Soportaos unos a otros y perdonaos unos a otros, si alguno tiene queja contra otro. De la manera que Cristo os perdonó, así también hacedlo vosotros. Sobre todo, vestíos de amor, que es el vínculo perfecto. Y la paz de Dios gobierne en vuestros corazones, a la que asimismo fuisteis llamados en un solo cuerpo. Y sed agradecidos.
>
> La palabra de Cristo habite en abundancia en vosotros. Enseñaos y exhortaos unos a otros con toda sabiduría. Cantad con gracia en vuestros corazones al Señor, con salmos, himnos y cánticos espirituales. Y todo lo que hacéis, sea de palabra o de hecho, hacedlo todo en el nombre del Señor Jesús, dando gracias a Dios Padre por medio de él (Col 3:12–17).

La gratitud y la adoración van juntas. Sorprendentemente, la psicología de la gratitud no ha tenido en cuenta el papel de las comunidades de fe hasta hace poco. Jens Uhder, uno de mis antiguos alumnos de doctorado, hizo su tesis doctoral investigando campañas de agradecimiento en dos iglesias locales. Jens y yo estamos agradecidos por la ayuda de la Fundación John Templeton para subvencionar su investigación.[19]

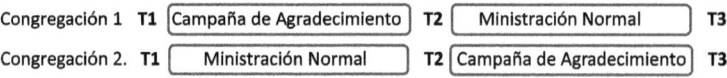

Figura 3.1 Diseño transversal de la tesis del Dr. Uhder

Su estudio era lo que se llama de diseño transversal, mostrado en la figura 3.1. Durante las cuatro semanas iniciales del estudio, la primera iglesia participó en una ministración especial centrada en la gratitud. Aquello implicó una serie de sermones, la discusión en grupos reducidos de un libro sobre la gratitud, y la invitación a participar en varios ejercicios de agradecimiento, como llevar el diario de agradecimientos, contar las bendiciones y escribir sobre tres cosas buenas de la vida. Tras cuatro semanas, la primera congregación volvió a la ministración habitual, y la segunda iglesia comenzó a centrarse en la gratitud. Evaluamos ambas congregaciones en tres ocasiones: antes de que la primera congregación comenzara el estudio, en el momento del cambio y al final. Las evaluaciones incluían la disposición al agradecimiento, las emociones positivas y negativas, el nivel de satisfacción con la vida, el bienestar psicológico, el bienestar espiritual, las vivencias espirituales de cada día, el compromiso interpersonal y el comportamiento religioso.

Jens y yo esperamos comprobar que la Congregación 1 mostrase crecimientos positivos al resaltar la gratitud durante cuatro semanas y que en la Congregación 2 no habría cambios equivalentes hasta después del punto de transición. Solo era verdad a medias. En realidad, la Congregación 1 mostró los cambios esperados durante las primeras cuatro semanas del estudio: aumento de la satisfacción con la vida, bienestar psicológico, emociones positivas (y disminución de las emociones negativas),

---

[19] J. Uhder y otros "A Gratitude Intervention in a Christian Church Community," *Journal of Psychology and Theology* (forthcoming).

experiencias espirituales diarias y aceptación de la psicología. Aunque esperábamos que la Congregación 2 se mantuviera estable durante las primeras cuatro semanas del estudio, porque aún no había comenzado la ministración sobre la gratitud, tal cosa no sucedió. Parece que los mismos cambios positivos que se dieron en la Congregación 1 ocurrieron también en la Congregación 2, incluso antes de que comenzara la ministración sobre la gratitud (ver figuras 3.2 y 3.3).

Figura 3.2 Lo que esperábamos

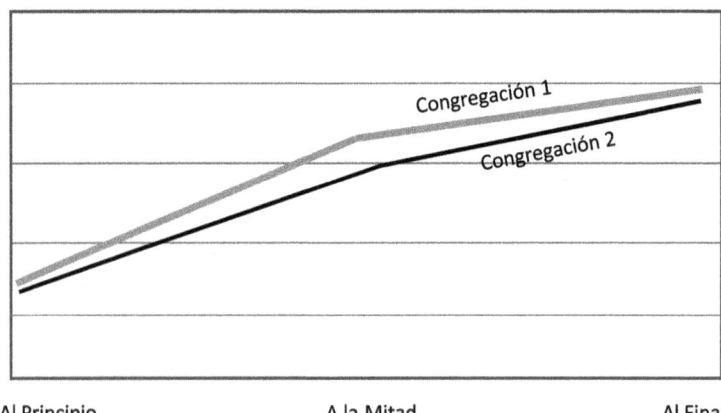

Figura 3.3 Lo que descubrimos

Los resultados nos desconcertaron. Tal vez el simple hecho de anunciar la ministración sobre el agradecimiento fuera suficiente para que los creyentes de la Congregación 2 se sintieran más agradecidas en el momento en el que la Congregación 1 comenzaba su campaña de agradecimiento. Quizás fue solo la ministración normal lo que hizo crecer el agradecimiento en la Congregación 2 durante las primeras cuatro semanas del estudio. Puede ser también que, simplemente al responder a las preguntas de los diversos cuestionarios se haya predispuesto a la gente a sentirse más agradecida, independientemente de si su congregación iba a recibir durante las próximas cuatro semanas la ministración sobre el agradecimiento o no. O puede que los cambios pudieran deberse a factores externos, como pasar de los días cortos y lluviosos de enero en Oregón a los más prometedores de febrero.

Pero la explicación más probable es que nuestros grupos comenzaron con un nivel de gratitud y salud muy alto como para detectar el tipo de cambios sutiles que esperábamos. Los científicos sociales hablan de un desvío para describir cómo se distribuyen unos datos en una escala. Resulta que casi todas nuestras medidas se desviaban mucho en la dirección conocida como efecto techo. Aun antes de comenzar el estudio, quienes respondieron a los cuestionarios decían estar muy agradecidos, satisfechos con la vida, bien psicológicamente y en sintonía espiritual. Es cierto que continuaron mejorando a lo largo de las cuatro semanas siguientes, pero con unos efectos techo tan pronunciados no podíamos esperar detectar muchos matices en las variaciones.

Está claro que hace falta investigar más para entender la gratitud en las comunidades de fe, pero hasta aquí es cuanto sabemos. Los feligreses, al menos los del estudio de Jens, ya estaban, en general, agradecidos y bien adaptados. Las campañas de ministración especial pueden ayudar o no a promover la gratitud. Mi impresión es que cualquier tipo de énfasis especial en la ministración no importa tanto como el compromiso permanente de la iglesia.

REDIMIR LA GRATITUD

Aprender de la psicología positiva

La psicología positiva de la gratitud refleja un amplio cuerpo científico imposible de resumir en unas pocas frases. Pero como los necios corren a hacerlo permíteme que lo intente. Sabemos que las personas agradecidas son más sanas relacional y emocionalmente que otras, y lo más seguro es que físicamente también lo sean. También parece claro que los esfuerzos deliberados por mejorar la gratitud ayudan a algunos, pero no tanto como alegan los expertos de marketing de la última aplicación de gratitud.

¿Qué puede aportarle el pensamiento cristiano a la gratitud?

El cristianismo tiene mucho que aportar a la psicología de la gratitud. Mucho se remonta a la conversación del desayuno con Lisa a la que me referí antes. Como psicólogo, quiero medir los efectos de la gratitud, pero como cristiano debo tener motivos para una vida agradecida mucho más allá de lo que pueden ser los resultados inmediatos. Querer ser agradecido porque me ayuda a dormir mejor, a vivir más tiempo o a acudir menos al médico puede convertirse en un esfuerzo bastante egocéntrico. Paradójicamente, la gratitud plena nos aleja del egocentrismo y nos acerca a la capacidad empática para ver al otro y hacer una pausa reflexiva en adoración reconociendo los muchos regalos que recibimos.

Aquí tenemos otras tres formas en las que el cristianismo puede contribuir a la psicología de la gratitud. En primer lugar, muchos de los principales psicólogos del mundo que estudian la gratitud son seguidores de Cristo. Para mí, como psicólogo, es muy alentador ver el influyente papel que desempeñan los eruditos cristianos comprometidos, como Robert Emmons (citado varias veces en este capítulo y, posiblemente, el principal experto mundial en el tema de la gratitud). En segundo lugar, la fe cristiana tiene una profundidad histórica y teológica que nos es absolutamente imprescindible para el estudio de la gratitud. Desde que sabemos que la gratitud sirve para promover todo tipo de cosas buenas hay mucha gente ahora interesada en ser más agradecidos. ¿Pero agradecidos por qué? ¿Y a quién? Dando respuesta a estas preguntas, el cristianismo promueve la gratitud plena entre quienes la buscan. En tercer lugar, el cristianismo puede ayudarnos a entender las virtudes de la comunidad cristiana y cómo dicha comunidad promueve la gratitud. Dar y recibir atención en medio de una comunidad permanentemente basada en la fe puede promover todo tipo de buenos resultados, incluida la gratitud. Naturalmente, tenemos que seguir estudiándolo, pero es interesante que si nuestro estudio inicial no funcionó muy bien se debe en parte a que las personas en estas comunidades de fe ya eran tan agradecidas y sanas que no necesitaban crecer mucho más.

La psicología de la gratitud puede beneficiar a la iglesia

Para bien o para mal, la ciencia refleja el *ethos* del momento. La iglesia puede ignorar la ciencia, o incluso combatirla, pero hacerlo es arriesgarse a la irrelevancia cultural, quizás haciendo que se alejen quienes tratan de seguir a Jesús.

Mejor respuesta es entender o incluso aceptar la ciencia. Nos ayuda muchísimo a aprender acerca de la vida positiva de fe que aspiramos a vivir. Siendo cierto que la ciencia por sí sola no aborda las profundas realidades metafísicas que dan sentido a una vida correcta, sigue siendo importante dialogar sobre ella siguiendo los paradigmas del conocimiento vigentes propios de la cultura actual.

Al aprender algo de la psicología de la gratitud se nos recuerda que una de las dimensiones más importantes del cristianismo, dar gracias a nuestro Creador bueno y misericordioso, es bueno para nosotros, para aquellos a quienes amamos y para nuestras comunidades.

La gratitud en la consejería cristiana

La mayor parte de mis comentarios que doy a los consejeros cristianos en este libro tienen que ver con el proceso de consejería, pero en este capítulo dedico algunos de ellos a los mismos consejeros. Quienes han prestado consejería durante más de unas pocas semanas reconocen que el trabajo es arduo y exigente. El sufrimiento del mundo tiene su forma de pesar sobre los consejeros, y antes de que nos demos cuenta fácilmente nos encontramos abrumados con el dolor que nos rodea. Aunque nunca he sido pastor, sospecho que a los pastores les ocurre lo mismo.

Ese es el mundo al que vino Jesús para que la luz brillara en la oscuridad (Jn 1:4-9). Nosotros, los que damos testimonio de la luz de Jesús, somos llamados a reconocer los grandes regalos que

Dios nos da: los regalos de la naturaleza, de las relaciones, de la gracia y la salvación, de la esperanza, la fe y el amor. Renovados por estos dones, entramos en la dura carga de aconsejar, sabiendo que de algún modo el bien vence al mal, aun cuando cuesta trabajo ver cómo lo hace.

Tal renovación puede ser un desafío, especialmente cuando el peso del sufrimiento nos abruma día tras día, pero eso es parte de lo que conlleva la vocación de ser consejero cristiano, por lo que nos toca encontrar formas de practicar el agradecimiento. Puede hacer que vivamos más, que nuestra presión sanguínea sea mejor, que aumente nuestra satisfacción general con la vida, o puede que no, pero hará que de nuevo nos acerquemos más a la luz de Jesús en los momentos en los que las tinieblas parecen prevalecer. Cuanto más practicamos la gratitud más automática resulta en los momentos de mayor necesidad.

Para mí, la iglesia me trae de nuevo a la gratitud semana tras semana. Lo mismo me ocurre cuando aro la tierra, cuando paso un rato con mi familia, cuando canto alabanzas en el auto, o simplemente cuando conduzco en silencio y soy consciente del mundo glorioso que me rodea. Ojalá todos podamos encontrar el camino de regreso a la gratitud, a la luz de Cristo, siempre.

CAPÍTULO 4

LA HUMILDAD

En los ambientes cristianos solemos pensar que la humildad es lo contrario del orgullo. El orgullo, ese gran vicio del que fluyen todos los demás vicios, ha sido ampliamente reconocido como un gran problema. C. S. Lewis describe el orgullo como el "vicio básico, el mayor de los males", señalando que "es el perfecto estado mental anti-Dios".[1] Lewis señala que la humildad es la virtud que se opone al vicio del orgullo. Aunque estoy de acuerdo con Lewis, parece incómodo lo frecuentemente que hablamos de la humildad basándonos más en lo que *no* es que en lo que *es*. La psicología positiva contribuye de forma importante en este sentido al articular la naturaleza de la humildad sin contrastarla demasiado con el orgullo. Llegaremos a las definiciones más adelante, pero baste por ahora decir que la humildad implica tener una visión razonablemente correcta de uno mismo, preocuparse por los demás y estar abierto a otras ideas.

La humildad constituye un tema desafiante precisamente porque las personas menos humildes se consideran a sí mismas como las más virtuosas, incluida la virtud de la humildad. Además, la mayoría vemos nuestros puntos fuertes más claramente que

---

[1] C. S. Lewis, *Mere Christianity* (New York: Macmillan, 1952), 109.

nuestros puntos débiles, por lo que no nos equivocamos al decir que casi todo el mundo cree ser más humilde que el promedio, lo que es estadísticamente imposible.

Al preparar este capítulo me he retado a mí mismo a considerar los obstáculos a los que me enfrento siendo humilde. Es una tarea difícil, porque, como la mayoría de las personas, tiendo más a ver lo humilde que *soy* en vez de cómo *no* lo soy. Sin embargo, al meditar sobre el asunto, veo muchos obstáculos en mi búsqueda de la humildad. Puedo clasificar algunos como los que obviamente sospecho que están relacionados con el orgullo: pienso en mí más de lo necesario o de lo razonable; lucho con actitudes arrogantes, especialmente cuando pienso que estoy más informado o que sé más sobre un tema que los demás; y con frecuencia pienso lo mejor al considerar mis propios motivos cuando digo o hago algo y pienso lo peor al considerar las palabras y acciones de los demás. (Quizás valga la pena señalar que en este párrafo largo sobre mi lucha con la humildad el pronombre "yo" aparece una docena de veces[2]).

Pero los desafíos para la humildad más sorprendentes han sido las influencias sutiles que a menudo se esconden de manera inconsciente porque no son cuestiones de orgullo, de carácter o de elección moral, al menos no en forma clara. Veamos dos ejemplos: El primer ejemplo es que durante los últimos diez años he ido perdiendo cada vez más capacidad auditiva. Al principio, estaba convencido de que Lisa no hablaba con claridad o lo bastante alto y así se lo dije. (Es verdad, puede que haya algo de orgullo aquí, pero el mayor obstáculo para la humildad aún está por llegar y no tiene tanto que ver con el orgullo). Entonces mis alumnos comenzaron a hablar en voz más baja y también mis amigos. Finalmente, asumí la verdad y comencé a usar audífonos, lo que me ha ayudado a vencer algo que obstaculizaba la humildad, tan sutil que apenas me daba cuenta.

Durante varios años he fingido comprender muchas de mis conversaciones con los demás, aprendiendo a sonreír y asentir en momentos estratégicos para no arriesgarme a decir algo completamente fuera del tema. Exteriormente finjo estar en el asunto, pero interiormente me retiro a mi propio mundo. Oír se

---

[2] En el original en inglés. N.T.

convirtió en una tarea tan dura que, incluso cuando podía oír, con frecuencia optaba por tomar el camino fácil, tirando hacia adentro. Hasta que empecé a oír de nuevo, con la ayuda de algunos dispositivos increíbles, no me di cuenta de cómo esto afectaba mi capacidad de ser humilde. Si la humildad implica la capacidad de comprender y preocuparse por los demás, entonces mi pérdida de audición se había convertido en un obstáculo para ser humilde. Ahora me enfrento a la tarea de volver a aprender a cómo relacionarme con los demás, a entrar en sus palabras y emociones, y preocuparme profundamente por ellos. No estoy asumiendo que mi lucha sea necesariamente la misma que para otras personas con pérdida auditiva. Comparto esto como un ejemplo personal más que como una declaración general de cómo la audición afecta a la humildad.

El segundo ejemplo ha sido mi ocupación. Vivimos en un tiempo en el que estar ocupado da prestigio y es causa de admiración, y con el transcurso de los años he ido cayendo más y más en la vorágine de lo que Richard Foster llama "muchismo y tantismo".[3] Aunque no puedo negar que un orgullo sutil motiva en parte mi activismo, buena parte de esa actividad también está relacionada con buenos motivos, como tratar de ayudar a los estudiantes, colaboradores y familiares con las capacidades y conocimientos que puedo aportarles. Con todo, el resultado es que mi humildad se resiente. Cuanto más ocupado estoy, más me paso los pocos momentos libres pensando en mí mismo, en cómo me estoy retrasando, en lo que tengo que hacer más tarde, hoy o mañana, en el tiempo que otros me roban, en qué será de mi reputación si no cumplo con un compromiso, etc. Estar tan ocupado me defrauda de la libertad de descansar en Dios y de considerar a los demás ya que me lleva a obsesionarme con mis propias obligaciones y compromisos. Al menos para mí, estar más ocupado de la cuenta es la antítesis de los dos mayores mandamientos, que son amar a Dios y amar al prójimo como a uno mismo. Si no puedo pensar con frecuencia y bien en los demás no estoy siendo humilde. Este problema no se resuelve tan fácilmente como el primero. Me atrevo a decir que es mi mayor obstáculo para ser humilde y que

---

[3] Richard J. Foster, *Prayer: Finding the Heart's True Home* (San Francisco: HarperCollins, 1992), 1.

tengo que ocuparme de él con decisión en los meses y años que están por venir.

Comparto estos ejemplos personales al comienzo de este capítulo porque reconozco que mi búsqueda de la humildad y mi lucha contra el egocentrismo son una experiencia humana común. Otras personas se enfrentan a diferentes obstáculos que los míos, pero todos encontramos impedimentos para ser humildes. Para algunos puede ser el éxito, para otros el fracaso. Para algunos es una autoestima exagerada, para otros es un escaso concepto de sí mismos. Para algunos es una salud de hierro, para otros es la enfermedad. Aun así, seguimos avanzando hacia la humildad sabiendo que es como Jesús quiere que vivamos y como él mismo vivió en medio de nosotros.

ES ABSURDO

Karl Barth, el gran teólogo suizo del siglo XX, habló del "contraste absurdo". En toda la historia humana solo hay una persona que ha tenido el derecho de afirmar su superioridad sobre los demás, ¿y qué hizo? "Se despojó a sí mismo, tomó la forma de siervo y se hizo semejante a los hombres. Mas aún, hallándose en la condición de hombre, se humilló a sí mismo, haciéndose obediente hasta la muerte, y muerte de cruz" (Flp 2:7-8). Y nosotros, ¿qué hacemos? Muchas veces intentamos descubrir quién es el mejor y cómo competir y ganar en la vida para demostrar lo mucho que valemos. Barth tenía razón. Es absurdo.

David Brooks, autor de *The Road to Character* (*El camino del carácter*) apunta varias maneras en las que nos hemos vuelto aún más absurdos en los últimos decenios. En su cautivador libro, sugiere que la sociedad contemporánea se está volviendo cada vez más como el defensa de la NFL[4] que se golpea el pecho por haber hecho un buen derribo. Hemos llegado casi a obsesionarnos con la autopromoción, siguiendo nuestros corazones, confiando en nosotros mismos y viéndonos como especiales. Brooks compara los tiempos pasados con el presente:

---

[4] National Football League. N.T.

Pero se me ocurrió que tal vez había entonces una necesidad de humildad más generalizada que ahora, que había una ecología moral desde siglos atrás, pero menos prominente ahora, que animaba a las personas a prestar menos atención a sus deseos, a ser más conscientes de sus propias debilidades, más decididos a combatir los fallos en ellos mismos y a convertir la debilidad en fortaleza. La gente en la cultura actual, pensé, es menos propensa a sentir que cada pensamiento, sentimiento y logro deben compartirse inmediatamente con el mundo en general [...] En aquel entonces no había camisetas con mensajes, ni signos de exclamación en los teclados de las máquinas de escribir, ni lazos solidarios con enfermedades diversas, ni matrículas pretenciosas, ni pegatinas con frases personales o morales. La gente no se jactaba de las universidades en las que había estudiado, o de dónde pasaba sus vacaciones con pequeñas calcomanías en las ventanas traseras de sus automóviles. Estaba muy mal visto, como quien dice, jalearse a uno mismo, subirse a la parra, inflarse demasiado.[5]

Lo que dice Brooks me recuerda que en las últimas seis semanas he publicado una opinión política, una imagen aérea de nuestra casa con nuestros paneles solares recién instalados y una foto de nuestro jardín de verano. En ese mismo tiempo, no he publicado en *Facebook*, ni nunca antes lo he hecho, nada sobre lo egoísta que puedo llegar ser cuando mi agenda se llena de manera abrumadora, sobre cómo me preocupo más de la cuenta por envejecer, con lo frecuentemente que cedo a comer dulces que no son buenos para mí, o con cuánta facilidad asumo malas motivaciones cuando los demás me decepcionan, o simplemente, si no están de acuerdo conmigo. En pocas palabras, alimento mi orgullo en *Facebook* pero nunca admito mi orgullo.

Hace algún tiempo, vivió en la tierra un hombre que tenía todo el derecho de jalearse a sí mismo, como diría Brooks. Vivió sin defectos, amó de manera increíble, enseñó con una sabiduría poderosa. En lugar de potenciarse a sí mismo, mostró a la humanidad la más profunda clase de humildad y amor que jamás hayamos visto.

---

[5] David Brooks, *The Road to Character* (New York: Random House, 2015), 5.

CORAZÓN HUMILDE, CORTEZA ARROGANTE

¿Cómo podemos reclamar la virtud de la humildad en medio de un medio cultural de autopromoción? Sorprendentemente, sugiero que tanto la psicología como la iglesia pueden ser de ayuda. Resulta que ambas partes son intrínsecamente humildes, pero a veces cuesta verlo porque en su seno hay mucha gente que es notoriamente arrogante.

La ciencia es intrínsecamente humilde debido al método científico que asume que la gente se engaña a sí misma con facilidad, haciendo que los datos observables reales se recopilen y se analicen controlando así y equilibrando nuestros errores naturales a la hora de comprender el mundo. Y aun recopilando y analizando los datos, la ciencia verdadera insiste en que los descubrimientos han de repetirse para comprobar si las conclusiones son correctas. Rara vez encontraremos la palabra "demostrado" en una revista científica. Evaluamos, elaboramos una teoría, volvemos a evaluar, mejoramos nuestra teoría, evaluamos de nuevo y así una y otra tras vez la ciencia va avanzando hacia la verdad. La ciencia es a la fuerza humildad, pero conocemos científicos que destruyen esta imagen con notable arrogancia y exceso de confianza. En un tiempo en que el conocimiento científico es elevado, y muchas veces se asume que es la única manera legítima de conocer algo, a los científicos les resulta fácil pensar que ellos lo saben todo.

Del mismo modo, la iglesia —la esposa de Cristo— es intrínsecamente humilde porque la iglesia está edificada alrededor de Jesús, quien se humilló a sí mismo hasta la muerte.

La historia de la vida no es tanto nuestra historia personal, o la historia de cómo ser felices y sentirse realizados, sino la historia de un Dios justo y amante que constantemente quiere relacionarse con nosotros. Y si la historia de mi vida no tiene que ver en primer lugar conmigo, entonces lo natural es ser humilde. Cuanto más me acerco a la verdad de los propósitos de Dios, y cuanto más alejo mi mirada de mí mismo para ponerla en Jesús, más empiezo a amar a Dios con todo mi ser y a mi prójimo como a mí mismo (Mt 22:37-40). Como la ciencia, la religión teísta es intrínsecamente humilde, pero de nuevo, no nos cuesta mucho pensar en los cristianos que echan a perder esta imagen. Algunas de las mayores atrocidades que el ser humano ha cometido en la historia han ocurrido en nombre del cristianismo. Tenemos al celo, la verdad, el compromiso y la fidelidad por valores importantes, y lo son, pero a veces los defendemos con tanta fuerza que caemos en posiciones de increíble soberbia.

Este dialogo entre la psicología y la iglesia solo tendrá éxito si somos capaces de recuperar la humildad en nosotros mismos y en nuestra relación con los demás. Como sucede en cualquier relación, el diálogo se corta si nos damos cuenta de que una de las partes es humilde y la otra arrogante. Como miembro de ambas partes en este diálogo digo que científicos y creyentes somos llamados a ser humildes. Aun así, también luchamos contra nuestra arrogancia porque nuestra naturaleza humana caída nos lleva a ser egocéntricos.

PSICOLOGÍA DE LA HUMILDAD

Como sucede con la mayoría de las virtudes de las que trata este libro, la humildad puede considerarse una respuesta o una actitud. La respuesta humilde se da en el contexto de un momento y una situación particulares mientras que la actitud de humildad es una forma general de comportarse en el mundo. Incluso una persona muy narcisista puede ser humilde por momentos, pero la mayoría nos esforzamos por pasar de tener respuestas humildes a tener la actitud.

Una de las maneras más completas de entender lo que es la actitud de humildad en la literatura de las ciencias sociales es la del psicólogo June Tangney, quien identificó seis dimensiones de la humildad:

1. Un concepto cabal de uno mismo (ni demasiado alto ni demasiado bajo).
2. La capacidad de reconocer errores y limitaciones.
3. Estar abierto a nuevas ideas.
4. Mantener la perspectiva frente a los logros y habilidades propias.
5. Egocentrismo relativamente bajo.
6. Valorar diversas perspectivas.[6]

---

[6] June Price Tangney, "Humility: Theoretical Perspectives, Empirical Findings and Directions for Future Research," *Journal of Social and Clinical Psychology* 19 (2000): 70–82.

A medida que comenzaron a aparecer más estudios científicos sobre la humildad, los investigadores también comenzaron a afinar sus definiciones, aun admirando la visión más completa dada por Tangney. La mayoría de los científicos sociales actuales coinciden con la definición más sencilla de la actitud de humildad mencionada en el párrafo inicial de este capítulo:

1. Se ve a sí mismo cabalmente (ni demasiado alto ni demasiado bajo).
2. Tiene en cuenta al otro y no solo a sí mismo.
3. Acepta que se le enseñe; admite la posibilidad de estar equivocado.

Estos tres puntos comparten buena parte de la definición de Tangney, que es más completa, al tiempo que son más breves. Es más fácil recordar una definición de tres puntos que una con seis criterios.

Cuadro 4.1
Humildad intelectual

La investigadora Stacey McElroy y sus colaboradores han desarrollado una *Escala de humildad intelectual* que incluye lo que se denomina un "Reporte informativo". Es decir, en lugar de que la Persona A informe de su propia humildad, la Persona B contesta preguntas acerca de la humildad intelectual de la Persona A.*

Los investigadores realizaron cuatro estudios para determinar si su escala era fiable y válida aportando resultados esperanzadores. El nivel incluye dos escalas menores: una para el orgullo intelectual y otra para la apertura intelectual. Algunos de sus puntos son los siguientes:

El orgullo intelectual: en cualquier discusión tiene que tener la última palabra; actúa como un sabelotodo.

Apertura intelectual: busca puntos de vista alternativos; está abierto a ideas en competencia.

Recuerda que generalmente se considera que la humildad implica (1) una visión cabal de sí mismo, (2) la capacidad para centrarse en el otro y (3) capacidad de aprendizaje. El mecanismo de la humildad intelectual tiene que ver sobre todo con el tercer aspecto de la humildad.

*Stacey E. McElroy y otros, "Intellectual Humility: Scale Development and Theoretical Elaborations in the Context of Religious Leadership," *Journal of Psychology and Theology* 42 (2014): 19–30.

Además de definir algo, los sociólogos tienen que encontrar el modo de medirlo, y no es tarea fácil cuando se trata de la actitud de humildad, ya que se trata de un mecanismo complejo relacionado con muchas otras virtudes y porque evaluarse uno a sí mismo es per se problemático a la hora de medir la humildad. Quienes son menos humildes pueden verse a sí mismos y decir que son muy humildes. Es mucho más fácil medir el narcisismo que la humildad,[7] y dado que al narcisismo le siguen todo tipo de cualidades personales e interpersonales negativas, podemos suponer que a la humildad le siguen buenos resultados. Pero como ya hemos dicho anteriormente, no es muy bueno definir la humildad basándonos en lo que no es. La humildad es mucho más y tiene más matices que ser simplemente lo opuesto al narcisismo o al orgullo.

Cuadro 4.2
Humildad relacional

Don Davis y sus colaboradores desarrollaron un modo de medir la humildad relacional.* Al igual que con el *Nivel de humildad intelectual* (ver cuadro 4.1), el nivel de *Humildad relacional* utiliza reportes informativos en vez de informes personales.

Los autores aportan cinco estudios que respaldan su escala, compuesta a su vez por tres escalas menores: humildad global, superioridad y visión equilibrada del yo. Estos son algunos de sus puntos:

Humildad global: Él/ella es una persona humilde de verdad. Incluso los extraños lo/la consideran humilde.

Superioridad: Él/ella tiene un gran ego; me siento inferior cuando estoy con él/ella.

---

[7] Christopher Peterson y Martin E. P. Seligman, *Character Strengths and Virtues: A Handbook and Classification* (Washington, DC: American Psychological Association; New York: Oxford University Press, 2004).

Visión equilibrada de sí mismo: Él/ella se conoce bien; él/ella es consciente de sí mismo/a.

Esta escala de humildad relacional evalúa los dos primeros componentes de la humildad: (1) una visión cabal de sí mismo y (2) la capacidad para centrarse en el otro.

*Don E. Davis y otros, "Relational Humility: Conceptualizing and Measuring Humility as a Personality Judgment," *Journal of Personality Assessment* 93 (2011): 225–34.

Se ha intentado medir la humildad mediante una serie de escalas. Los investigadores Don Davis y Joshua Hook enumeraron recientemente catorce escalas diferentes para medir la humildad, poniendo de relieve que los expertos utilizan varios enfoques diferentes.[8] Aunque la gran mayoría de las escalas son rellenadas por uno mismo, algunas iniciativas recientes para medir la actitud de humildad incluyen que un informante cualificado mida la humildad de una persona (como ejemplos, ver los recuadros 4.1 y 4.2). Es raro que algún estudio incluya cuestionarios rellenados por uno mismo y cuestionarios cumplimentados por otra persona para evaluar la humildad. Curiosamente, las coincidencias entre los cuestionarios sobre la humildad contestados por uno mismo y los contestados por otra persona son generalmente bastante escasas, aunque son más numerosas cuando es la pareja sentimental quien lo hace que cuando quien contesta es un compañero de trabajo, un amigo o un conocido casual.

Debido a lo complicado de la medición, la psicología de la humildad está por detrás de algunas de las otras virtudes que se analizan en este libro. Aun así, hay pruebas suficientes para vincular de varias maneras la humildad con la salud. Una mayor humildad se asocia con una mayor salud física, mayor salud mental (autoestima, gratitud, perdón), mejor rendimiento académico y laboral, perdón, generosidad y disposición.[9] Las personas humildes

---

[8] Don E. Davis y Joshua N. Hook, "Humility, Religion, and Spirituality: An Endpiece," *Journal of Psychology and Theology* 42 (2014): 111–17.

[9] Joshua N. Hook y Don E. Davis, "Humility, Religion, and Spirituality: Introduction to the Special Issue," *Journal of Psychology and Theology* 42 (2014): 3–6.

viven relaciones sentimentales más positivas que las otras,[10] crean y reparan vínculos sociales con más facilidad que los demás,[11] sienten menos ansiedad ante la muerte,[12] son más compasivos[13] y tienen menos luchas espirituales.[14]

Parece que la humildad es buena para todos, lo que probablemente hará que la gente quiera ser más humilde, pero ¿acaso es esto posible? ¿Puede la gente aprender a ser más humilde? o ¿es un rasgo de la personalidad relativamente fijado para cuando la persona alcanza la edad adulta? La respuesta sucinta es, no lo sabemos. Hay información de dos estudios y con resultados mixtos. Caroline Lavelock y sus colaboradores comprobaron la eficacia de un cuaderno de ejercicios de humildad con estudiantes universitarios y descubrieron una modesta mejoría en la humildad, el perdón y la paciencia.[15] Por el contrario, Andrew Cuthbert y sus colaboradores lograron escasos resultados en un tratamiento de humildad con los líderes de iglesia.[16] Hablaré de este estudio con más detalle más adelante en el capítulo.

Resumiendo, la humildad consta de tres partes: una visión cabal de uno mismo, ser capaz de centrarse en la otra persona y estar abierto a ser enseñado. La psicología de la humildad se ha visto obstaculizada por las dificultades de medición, pero podemos estar bastante seguros de que la humildad es buena para la salud mental, física y relacional de la gente. Está menos claro que las personas puedan llegar a ser más humildes con el esfuerzo.

---

[10] Jennifer E. Farrell y otros, "Humility and Relationship Outcomes in Couples: The Mediating Role of Commitment," *Couple and Family Psychology: Research and Practice 4 (2015): 14–26.*

[11] Don E. Davis y otros, "Humility and the Development and Repair of Social Bonds: Two Longitudinal Studies," *Self and Identity* 12 (2013): 58–77.

[12] Pelin Kesibir, "A Quiet Ego Quiets Death Anxiety: Humility as an Existential Anxiety Buffer," *Journal of Personality and Social Psychology* 106 (2014): 610–23.

[13] Neal Krause y R. David Hayward, "Humility, Compassion, and Gratitude to God: Assessing the Relationships among Key Religious Virtues," *Psychology of Religion and Spirituality* 7 (2015): 192–204.

[14] Joshua B. Grubbs y Julie J. Exline, "Humbling Yourself before God: Humility as a Reliable Predictor of Lower Divine Struggle," *Journal of Psy-chology and Theology* 42 (2014): 41–49.

[15] Caroline R. Lavelock y otros, "The Quiet Virtue Speaks: An Intervention to Promote Humility," *Journal of Psychology and Theology* 42 (2014): 99–110.

[16] Andrew D. Cuthbert, "Cultivating Humility in Religious Leaders" (PsyD diss., Wheaton College, 2016).

UNA VISIÓN CRISTIANA DE LA HUMILDAD

El cristianismo tiene mucho que aportar al estudio serio de la humildad. En su libro clásico de teología antropológica, Anthony Hoekema explica cómo los seres humanos han sido creados para relacionarse con Dios, con los demás, con uno mismo y con la naturaleza.[17] Cada uno de ellos muestra una contribución cristiana para entender lo que es la humildad.

En relación con Dios

Hay un dicho actual que dice, "Hay un Dios, y no soy yo". Vale la pena recordarlo en una época en la que predomina la autopromoción, y ensañarse odiándose a uno mismo parece ser a veces la única alternativa. Ninguno de los dos extremos es humilde, ni ninguno de ellos nos permite obedecer el gran mandamiento que es amar a Dios con todo nuestro ser.

La virtud de la humildad nos recuerda que somos criaturas, profundamente amadas por nuestro Creador. La palabra "sumisión" ha caído en desuso en los últimos decenios, pero si como criaturas queremos entender completamente cómo es nuestra relación con Dios, el concepto de sumisión nos es necesario.

Hoy en día es muy natural, y algunos incluso dirán que es hasta saludable, mostrar nuestra rabia ante Dios cuando la vida se tuerce. Hay algo bueno en ello, como es mostrar nuestras decepciones ante Dios con total honestidad. El rey David y otros salmistas ciertamente compartieron sus quejas en el Antiguo Testamento, pero siempre reconociendo su sumisión a Dios, incluso cuando la vida parecía confusa. Hoy parece que muchas de nuestras quejas manifiestan la incapacidad de humillarnos ante Dios más que el deseo genuino de conocer y ser conocidos por Dios. Job, el personaje del Antiguo Testamento, tenía más razones para quejarse ante Dios que la mayoría de nosotros, y lo hizo mayormente de manera respetuosa. Pero cuando pasó por alto que no era más que una criatura, Dios le recordó:

Entonces respondió Jehová a Job desde un torbellino y dijo:

---

[17] Anthony A. Hoekema, *Created in God's Image* (Grand Rapids: Eerdmans, 1994).

¿Quién es ese que oscurece el consejo
   con palabras sin sabiduría?
Ahora cíñete la cintura como un hombre:
   yo te preguntaré y tú me contestarás.
¿Dónde estabas tú cuando yo fundaba la tierra?
   ¡Házmelo saber, si tienes inteligencia!
¿Quién dispuso sus medidas, si es que lo sabes?
   ¿O quién tendió sobre ella la cuerda de medir?
¿Sobre qué están fundadas sus bases?
   ¿O quién puso su piedra angular,
cuando alababan juntas todas las estrellas del alba
y se regocijaban todos los hijos de Dios? (Jb 38:1–7).

Es posible que hayamos renunciado a la palabra "sumisión" debido en gran medida al abuso que de ella se ha hecho para afirmar el dominio de unos sobre otros, pero no podemos entablar una relación plena con nuestro Dios amante y misericordioso sin reclamar la naturaleza sumisa de la humildad. Después, a medida que nos humillamos ante Dios, podemos comenzar a entender lo que significa "Someteos unos a otros en el temor de Dios" (Ef 5:21).

Jesús es el centro de la fe cristiana, la imagen plena de Dios revelada en forma humana y la imagen perfecta de la humildad: "se despojó a sí mismo, tomó la forma de siervo y se hizo semejante a los hombres" (Flp 2:7). Es a esta *kenosis*, o despojarse de sí mismo, a lo que se refiere el apóstol Pablo cuando pide a sus lectores que se sometan los unos a los otros.

El Evangelio de Juan es una visión de la vida de Jesús más teológica que la de los otros tres evangelios (sinópticos). Los teólogos se refieren al evangelio de Juan como una "visión desde arriba" debido a su carácter teológico. La palabra "humildad" no aparece en él, pero la idea da color a todo el relato del Evangelio. Reflejando a Jesús tal como se le presenta en el Evangelio de Juan, Andrew Murray escribió hace más de un siglo sobre este impresionante retrato de la humildad.

> En el Evangelio de Juan la vida interior de nuestro Señor se abre ante nosotros. Jesús habla muchas veces de su relación con el Padre, de los motivos que lo guían, de cómo es consciente del poder y del espíritu en que actúa. Aunque la palabra humilde no

aparece, en ninguna parte de las Escrituras veremos tan claramente en qué consistía su humildad [...] Asumió la subordinación total y le dio a Dios la honra y la gloria que a él se debe.[18]

Esta humildad no es el resultado de una voluntad débil o falta de carácter. Jesús enseñó con una intención clara, incluso con dureza. En el Sermón del Monte (Mateo 5–7) vemos a un maestro seguro y claro, pero también lo vemos enseñando a la gente a enfrentarse a su orgullo y a amar a Dios y al prójimo.

En relación con los demás

Una de las grandes contribuciones del cristianismo al estudio de la humildad es el espacio comunitario. Podemos verlo en dos dimensiones. En primer lugar, la dimensión horizontal de la comunidad que se vive en las relaciones normales. Cuando las personas se preocupan las unas por las otras con amor y se ayudan mutuamente reflejan la imagen de Dios y ejercen la humildad. Amar al prójimo como a uno mismo es el sello distintivo de la virtud cristiana, parte del segundo gran mandamiento que enseñó Jesús, siendo también fundamental en las definiciones de la humildad de las que hemos hablado anteriormente en este capítulo.

La iglesia no es un lugar perfecto, como se nos recuerda continuamente en las noticias y en las películas, pero en aquellas iglesias donde las personas logran más o menos vencer su egoísmo y poder así amar de verdad y aprender los unos de los otros, la belleza de Cristo y el poder de la humildad son evidentes. Mi congregación ayudó hace poco a una familia de refugiados musulmanes sirios a establecerse en los Estados Unidos, brindándoles transporte, amistad, gastos de viaje y asesoramiento para encontrar trabajo. Fue hermoso verlo y participar en ello. Testimonios como este se dan en miles de congregaciones en todo el mundo. Contar este tipo de buenas noticias acerca de la iglesia es tan importante como culparla de sus errores.

---

[18] Andrew Murray, *Humility* (New York: Anson D. F. Randolph & Co., 1895), ya de dominio público y disponible en la web del Ted Hildebrandt, at Gordon College. https://faculty.gordon.edu/hu/bi/ted_hildebrandt/spiritualformation/texts/murray_humility/murray_humility.pdf), 12.

La otra dimensión de la comunidad cristiana es la vertical, como comunidad histórica, establecida a lo largo de muchos siglos de pensamiento cristiano. Aunque no conozco personalmente a Agustín, a Aquino, a Teresa de Ávila, a Martin Lutero, a Ulrich Zwinglio, a Jonathan Edwards, a Henri Nouwen o a la Madre Teresa, han sido parte de una comunidad histórica que ha moldeado mi forma de pensar, sentir y percibir el mundo. Ellos, y otros miles más, han moldeado la forma de entender la fe de nosotros los creyentes y, por tanto, tengo con ellos una increíble deuda de gratitud. La humildad cristiana nos lleva a reconocer la sabiduría de aquellos pioneros que nos han precedido.

Está apareciendo una nueva literatura de psicología positiva sobre la humildad espiritual, lo que conlleva mantener nuestras certezas de manera no tan rígida y estar abiertos al cambio. Por un lado, me siento atraído por esta literatura porque, en verdad, nuestras ideas espirituales han sido utilizadas para justificar todo tipo de odios y de maldades a lo largo de los siglos. Tenemos que ser un poco menos rígidos a la hora de mantener nuestras ideas sabiendo que somos limitados y frágiles en nuestra capacidad de discernir la verdad. Por otro lado, me temo que a veces consideramos que la humildad espiritual significa no tener convicciones, cuando Jesús no hace tal cosa. A veces nos volvemos tan abiertos, tan flexibles con respecto a los asuntos de fe, que en el proceso ignoramos con orgullo siglos de santos cristianos altamente capacitados que nos han precedido y han forjado doctrinas muy elaboradas para ayudarnos a entender la naturaleza de Dios, la humanidad y la salvación. La verdadera humildad espiritual ha de dejar espacio tanto para la apertura de mente como para la convicción profunda, tanto para la comunidad actual como para la histórica.

En relación con la naturaleza

Murray comienza su clásico libro sobre la humildad recordando: "Cuando Dios creó el universo, fue con el único objetivo de hacer que la criatura participase de su perfección y bendición, y así mostrar en ella la gloria de su amor, sabiduría y poder".[19] Y así es

---

[19] Murray, *Humility*, 5.

como el universo que nos rodea todavía nos invita a experimentar la abundante bondad y bendición de Dios.

Considerar a la naturaleza como un siervo al que someter nos lleva a una serie de conclusiones sobre cómo proveemos combustible para nuestros coches, cómo tratamos nuestros bosques y el agua, cómo cultivamos nuestros alimentos y tratamos a las plantas y a los animales que nos rodean, y todo muestra nuestra falta de humildad. Por el contrario, mirar a la naturaleza como el reflejo de la perfección y la bendición de Dios nos conduce a un tipo de relación diferente, más humilde y cuidadosa a la hora de tratar el mundo y sus recursos.

Tres veces al día (o más), la mayoría de nosotros tenemos la oportunidad de experimentar la bendición de Dios a través de los alimentos que comemos —y quizás también de crecer en humildad. ¿Me alimento como si la creación fuera mi esclava, para aportarme el combustible que necesito para tragar todo cuanto me parece y estar así contento, lleno y cargado de energía para lo que me espera después, o considero las comidas como una oportunidad para agradecer la presencia sustentadora y la bondad de Dios en toda la creación? Podemos dar gracias antes de comer, pero ¿vemos en nuestra comida la gracia de Cristo quien "es antes que todas las cosas y… todas las cosas en él subsisten" (Col 1:17)? Norman Wirzba, autor de *Food and Faith: A Theology of Eating* (Comida y fe: teología del comer), se refiere a la comida como el amor de Dios hecho nutrición.[20] Muestra un concepto humilde de nosotros mismos en relación con la creación de Dios, y una excelente manera de comer.

En los veranos, Lisa y yo dirigimos una pequeña granja, basada en un modelo de agricultura comunitaria. Cultivamos alrededor de setenta y cinco tipos de frutas y verduras para unas veinte familias que vienen una vez por semana y llenan una caja con alimentos sostenibles cultivados localmente. Cada vez que siento que mi humildad se tambalea, simplemente pienso en lo difícil que es evitar que los escarabajos ataquen nuestras hojas de brócoli, eliminar los pulgones de la col o evitar que las ardillas se coman las lechugas. Esto me recuerda rápidamente que no

---

[20] Norman Wirzba, "Food Justice as God's Justice," April 18, 2016, http://www.tikkun.org/nextgen/food-justice-as-gods-justice.

estoy a cargo del universo y que ni siquiera puedo controlar bien mi parcelita de tierras de labor sin recurrir a productos químicos sintéticos que matan a nuestras abejas y a los microorganismos que el suelo necesita desesperadamente. Así que optamos por el cultivo biológico, haciendo todo lo posible por mantener así a raya a las llamadas plagas. Pero al hablar de plagas solo estoy contando la mitad de la historia, porque la otra parte, y lo más glorioso, es la belleza y la gracia de ver cómo crecen los alimentos en la tierra. Cuando el maíz dulce brota del suelo buscando el sol, cuando paso al lado de una tomatera madura y respiro el asombroso aroma de los tomates frescos, o cuando veo cómo la lechuga en junio va cogiendo su color verde, entonces también me siento humilde al darme cuenta de la grandeza del ritmo de la vida y cuánto mayor la grandeza de su Creador. Cada mazorca de maíz, cada tomate y cada lechuga es el amor de Dios hecho alimento. El libro de Lisa, *To the Table*, analiza esto con mucho más detalle de lo que yo puedo explicar aquí.[21]

Cuadro 4.3
Frente a los problemas de la vida

Durante un tiempo lleno de circunstancias vitales especialmente difíciles, Celeste Jones, una de mis colaboradoras, escribió un ensayo (aún no publicado) sobre el proceso de autoconfrontación y la humildad, con cuyo permiso cuento para incluirlo aquí.

> Hay tantas cosas duras que ocurren en la vida. Un día, tu vida transcurre según lo previsto, y al día siguiente tu sensación de seguridad se desvanece sin previo aviso, dejándote en apuros. Y cuando estás luchando por recuperar el equilibrio, cuesta trabajo ver el entorno con claridad, abandonado en la distancia. Y normalmente, cuando estás gateando significa que un doloroso choque se aproxima. Ves el éxito muy lejos y que no tienes posibilidades de alcanzarlo, e incluso si eres capaz de localizar dónde está, no sabes cómo llegar hasta él. Ya no sabes ni cómo "ser". Y te preocupas, y gimes, y te duele, y lloras, y te angustias,

---

[21] Lisa McMinn, *To the Table: A Spirituality of Food, Farming, and Community* (Grand Rapids: Brazos, 2016).

y haces todas esas cosas una y otra y otra vez hasta que llega la noche. Cuando las noches son buenas, alcanzas a dormir.

Pero independientemente de si duermes o te mantienes despierta toda la noche, la mañana siempre llega. El sol sale cada día, como una invitación abierta a volver a la vida. Una nueva oportunidad cada día. La mañana te pide que te vistas, que abraces a tus hijos, les des el desayuno, pasees al perro y te pongas a trabajar en los quehaceres del día.

Hay días en los que cumples con todas tus tareas mientras tu cabeza aún da vueltas angustiada. Otros días, mientras caminas, ves un hermoso prado con la hierba alta y te escondes de tus hijos, cazando mariquitas y jugando al escondite. Los momentos agradables de la vida se producen de forma inesperada. Pero cuando la tarde se va y los niños se van a la cama y la casa ya está en orden, la implacable angustia viene de nuevo, al menos en la noche.

¿Cómo se sobrevive a esos tiempos? ¿Y si duran años? Tengo por héroes a la gente que resuelven estas cosas. Reconozco a esas personas cuando me encuentro con ellas, que han aprendido la humildad a través de un gran sufrimiento. Tienen un enfoque y una centralidad que solo se forja a través del fuego ardiente de la angustia. No todo el mundo lo logra. Muchas veces nos negamos a entrar en situaciones ardientes. Evitamos las cosas duras o negamos que existan. Otras veces encontramos la manera de protegernos del fuego, nos vestimos con un equipo a prueba de fuego para que no nos queme. Y todo ese mecanismo puede llegar a ser pesado. También hay ocasiones en las que tratamos de apagar el fuego, resolviendo pequeños problemas que parecen ser la causa. Pero hay quienes son bastante fuertes (¿o locas?) para quemarse, para apoyarse en su dolor y permitir que haga su obra, incluso si esta se tarda. Y cuando somos capaces de quemarnos, de mirar al dolor cara a cara, nos volvemos mucho más fuertes, más sanos, más resistentes, más honestos y más humildes que al comienzo. Nos convertimos en personas que pueden sentarse junto a otras personas en su propio dolor y sufrimiento sin tratar de darles la solución, de resolverles la vida o de hacer que se sientan mejor. Nos convertimos en personas que simplemente están. Y quizás vivir bien sea esto.

No tenemos por qué ser agricultores para fomentar este tipo de humildad respecto de la creación. Vete al mar, sube a una montaña, hasta la mitad o hasta alcanzar su cima, camina por un viejo bosque, siéntate frente a una cascada, mira las estrellas. Cada vez que hago estas cosas me sirve para reubicarme en el lugar al que pertenezco —no en el centro de todo, sino como una criatura de un Dios prodigioso que se deleita en mostrarnos belleza y amor.

En relación con uno mismo

Por último, Hoekema dice que una relación correcta con Dios, con los demás y con la naturaleza presupone una relación correcta con uno mismo. En el corazón de la antropología cristiana se encuentra la paradoja de que somos de inmenso valor —creados a la imagen de Dios, quien nos ama tanto que no quiere dejarnos solos en nuestras luchas— y a la vez estamos rotos, retorcidos, echados a perder por la ruptura de toda la creación. Como ella, gemimos en nuestro quebrantamiento (Ro 8:23), tanto por nuestras deficiencias personales como por el sufrimiento general que afecta a cada rincón de este mundo que nos rodea.

La profundidad de la gracia de Dios solo puede comprenderse cuando entendemos la paradoja de lo mucho que nos ama Dios, lo mucho que luchamos y el mucho amor con el que se nos llama a una forma de vida más abundante. Si queremos, podemos golpear nuestro pecho con orgullo como hacen los campeones, o podemos ser plenamente conscientes de esta vida paradójica en la que hemos sido hechos de manera tan hermosa, profundamente defectuosos, pero amados sin medida y con la vocación de crecer.

Brooks capta bien esto en su libro sobre la humildad, diciendo que las personas verdaderamente humildes usan una metáfora particular de la vida interior:

> Esta es la metáfora de la autoconfrontación. Es más probable que asumas que todos somos seres profundamente divididos, ricamente dotados y profundamente defectuosos, que cada uno de nosotros tiene ciertos talentos, pero también ciertas debilidades. Y si habitualmente caemos en esas tentaciones y no luchamos contra nuestras propias debilidades, poco a poco arruinaremos

una parte fundamental de nosotros mismos. No seremos tan buenos, internamente, como queremos ser. Fallaremos de alguna manera profunda. Para esta clase personas el drama externo en la escalada del éxito es importante, pero la lucha interna contra las debilidades propias es el drama central de su vida (…) Las personas que de verdad son humildes se consagran con gran esfuerzo para engrandecer lo mejor de sí mismas y vencer lo peor, para ser más fuertes en sus puntos débiles.[22]

Desde un punto de vista cristiano, yo añadiría que esto no es solo un terrible esfuerzo de superación, sino la convicción firme de que Dios está presente en medio de nuestras luchas. Si queremos, podemos pasar nuestra vida negando que nuestro ser esté dividido, pero hacerlo significa pasar décadas de escapismo y autoengaño. Otra alternativa es apoyarnos en nuestras luchas y debilidades, afirmar que Dios está trabajando para ayudarnos a fortalecernos en esos puntos débiles y que encontraremos la humildad en medio de la honestidad de la lucha interior.

EL *TELOS* DE LA HUMILDAD

A lo largo de este libro sobre la virtud he reflexionado sobre los grandes mandamientos que Jesús da en Mateo 22. Para ver a una persona plenamente capaz en relación con la humildad, vuelvo de nuevo a este pasaje.

Quién le preguntó a Jesús: "Maestro, ¿cuál es el gran mandamiento en la Ley?" (v. 36) Era un defensa orgulloso, un político egoísta, un personaje religioso lleno de sí mismo. Todos ellos encarnan una visión del mundo centrada en uno mismo donde yo soy simplemente el mejor y tú no. La persona que le hizo la pregunta a Jesús era un religioso experto que quiso poner una trampa a Jesús y que quizás se sentía amenazado por las multitudes que seguían a Jesús.

Frente a los miserables y mezquinos celos humanos, Jesús respondió ofreciendo el *telos* de la humildad, una imagen de lo que podría ser un ser humano completo, plenamente operativo y

---

[22] Brooks, *Road to Character*, 9–10.

floreciente. Se trata de quien ama a Dios con todo su ser y ama al prójimo como a sí mismo.

Esa es la esencia de la humildad. No hace falta despreciarse a uno mismo ni autoflagelarse, pero nos invita a salir del campo visual. Vivimos en una época en la que los espejos de las paredes de los clubes de salud y los anunciantes nos dicen cada día cuáles son nuestros méritos, y Jesús simplemente nos dice que nos apartemos, que nos olvidemos de nosotros mismos lo bastante como para que podamos fijar nuestra atención en Dios y en el prójimo. Y cuando eso sucede, como ocurre en ocasiones en el contexto de la comunidad cristiana, vislumbramos el *telos* de la humildad.

Unos amigos nuestros llevan varios decenios sufriendo con el corazón roto por un hijo adicto a las drogas. Le han ayudado de todas las formas imaginables, pero la fuerza de la adicción persiste y todos los días luchan por encontrar la mejor manera de ayudar a este hijo a quien aman tanto. Hace unas semanas nos encontramos con ellos en un restaurante cercano, hablamos unos momentos y luego continuamos comiendo. Lisa se volvió hacia mí y me dijo: "Quiero preparar una caja de comida para ellos". Y así lo hizo. Pasó por su casa al día siguiente con una caja de productos *bio*, huevos de nuestras gallinas, algunas galletas recién hechas y una tarjeta expresándoles nuestro apoyo. En cierta manera, era tan poca cosa: nadie donó un riñón para salvar una vida o se puso delante de un coche en marcha, ni fue tiroteado, ni siquiera gastó mucho dinero. Era solo una caja de comida recogida de nuestros huertos, del gallinero y de la cocina. Seguramente, Lisa ni siquiera pensó que fuera un acto de humildad, pero eso es lo que era: alejarnos del propio interés, darnos cuenta del otro y dar comida como amor de Dios hecho alimento. Nuestros amigos se quedaron muy impresionados y bendecidos, y en el proceso, todos vimos un destello de cómo la humildad nos une.

LA HUMILDAD DE LA PSICOLOGÍA Y LA CRISTIANA, JUNTAS

Hasta aquí la psicología de la humildad se ha centrado principalmente en cómo definirla y medirla, lo cual es un requisito previo para un estudio científico serio que aún está por venir.

Como hemos dicho anteriormente, sabemos que la humildad nos beneficia de varias maneras, pero aún no sabemos lo suficiente como para entender los matices de la relación existente entre salud y humildad. La comunidad científica opina en general que las personas humildes tienen un concepto de sí mismas relativamente cabal, tratan bien a los demás y aceptan ser enseñados.

El cristianismo ha considerado la humildad por mucho más tiempo que los sociólogos por lo que no sorprende que la tradición cristiana tenga mucho que ofrecer a quienes les interese el tema. Siguiendo lo que es una definición científica, Jesús, ejemplo de entrega, demuestra y enseña lo que es la humildad en el mandamiento de amar al prójimo como a uno mismo.

La subvención de la Fundación John Templeton, a la que me he referido en varios capítulos de este libro, financió una tesis de Andrew Cuthbert, estudiante de doctorado en el Wheaton College, para analizar la humildad en el contexto de una comunidad eclesial.[23] Concretamente, Andrew y su supervisor Ward Davis, intentaron incrementar la humildad en un grupo de líderes miembros de una congregación cristiana grande. Los líderes cumplimentaron un cuaderno de ejercicios durante cuatro semanas que incluía dieciséis ejercicios diarios para promover la humildad. Andrew y el equipo de académicos con los que trabajó administraron varias escalas antes y después del tratamiento de humildad y administraron las mismas medidas a un grupo comparativo. Midieron la humildad tanto según el informe propio de cada cual como según el informe de los demás sobre la humildad de los otros participantes.

Antes de explicar los resultados que obtuvo Andrew he de mencionar lo que un experto revisor de su proyecto escribió antes del estudio. Este revisor había estado investigando la humildad, especialmente en relación con la forma de ser medida. Expresó sus dudas sobre si la humildad puede o debe ser enseñada mediante un tratamiento explícito a corto plazo. ¿Acaso nos volvemos humildes rellenando libros de ejercicios y realizando tareas sobre la humildad, o es más bien el resultado de vivir una vida de bondad y piedad a lo largo de los años? Avisó que Andrew no encontraría gran cosa en su estudio de tratamiento de cuatro

---

[23] Cuthbert, "Cultivating Humility in Religious Leaders."

semanas, a pesar de los descubrimientos aportados por Lavelock y sus colaboradores, mencionados anteriormente.[24]

El supervisor experto tenía razón. Casi ningún cambio se evidenció como resultado del tratamiento de humildad de cuatro semanas, aunque hubo un par de descubrimientos interesantes. Uno de ellos es que el nivel secundario de *Humildad global del nivel de humildad relacional* (ver cuadro 4.2) fue mayor después del tratamiento que antes de él para los del grupo en tratamiento, pero no para los del grupo comparativo. Este fue el cambio que Andrew esperaba, pero apareció solo en una escala secundaria de sus varios niveles de humildad. El otro descubrimiento que llamó la atención al final del estudio fue que el cuestionario sobre uno mismo y el que trataba sobre los demás mostraron ser más coherentes para el grupo en tratamiento que para el grupo comparativo. Esto plantea la posibilidad de que el adiestramiento para ser humildes ayudara a los participantes a verse a sí mismos más como eran vistos por los demás.

La psicología de la humildad está en sus comienzos, mientras que la humildad es un tema que el cristianismo ha tratado durante muchos siglos. Puede que la ciencia y la fe no sean interlocutores equiparables en este tema, pero ambos pueden contribuir al diálogo.

REDIMIR LA HUMILDAD

Como una forma de resumir este capítulo, y para seguir adelante con las posibilidades que tenemos por delante, veamos cómo podemos redimir el mecanismo de la humildad en nuestra conversación, enseñanza, asesoramiento y vida.

Aprender de la psicología positiva

Una de las contribuciones más importantes de la psicología positiva es no definir la humildad por lo que no es. Aunque está claro que la humildad es lo contrario del orgullo y del narcisismo, la mayoría de los trabajos científicos han mirado directamente a la humildad por sus méritos como virtud. Tenemos algunas

---

[24] Lavelock y otros, "Quiet Virtue Speaks."

herramientas de medición inicial, como el cuestionario sobre uno mismo como el de otro informante reconocido. También varios estudios parecen dejar claro que la humildad favorece la salud relacional y personal.

Todavía no sabemos si se puede enseñar a ser humildes mediante tratamientos a corto plazo. Hay datos de dos estudios en los que los participantes trabajan con un cuaderno de ejercicios de humildad. En uno de los estudios las personas parecieron volverse más humildes, y en el otro hubo muy pocas diferencias entre el grupo en tratamiento y el grupo comparativo. Este será una delimitación importante para continuar el diálogo y la investigación. Al parecer, la humildad como actitud se "cría" más que se "enseña", aprendiéndose a lo largo de toda la vida mediante la observación de los familiares, amigos y personas en las comunidades de fe. Si es así, difícilmente la psicología será una forma de aprender cómo llegar a ser humildes, porque nuestros estudios rara vez se extienden a lo largo de toda una vida de aprendizaje.

¿Qué puede aportar el pensamiento cristiano a la humildad?

La aportación del cristianismo a temas como el orgullo y la humildad son enormes. Solo los he rozado en este breve capítulo. David Brooks, aunque su perspectiva cuando escribe no es explícitamente cristiana, parece entender muy bien los problemas que están en juego y por eso lo he citado varias veces. Una cosmovisión cristiana nos invita a autoevaluarnos y confrontarnos a nosotros mismos constantemente. El yo que soy no es el yo en el que realmente trato de convertirme. Este es un concepto bastante anticultural en una época en la que la autopromoción es la norma e, incluso, se la suele considerar saludable. A veces, parece que hasta se la considera una virtud. Por el contrario, una cosmovisión cristiana sugiere que no debemos confiar demasiado en el yo porque está teñido y torcido por el deseo y la ambición egoístas. En lugar de confiar en el yo, aprendamos a vernos tal como somos y a encontrar nuestra mayor fuente de esperanza y significado, no tanto en nosotros mismos como en el amor de Dios y del prójimo. El gran fundamento de la esperanza de una cosmovisión cristiana no es que somos especiales o maravillosos, ni siquiera más que la media, sino que somos amados por un Dios bondadoso que obra sin descanso para mantener con nosotros una relación permanente. En el contexto de esa relación sana y segura con Dios, se nos anima a mantener relaciones similares entre nosotros. Y aquí, entretejidos en una red de relaciones significativas que reflejan la gracia de Dios y la humildad de Jesús, encontramos sanidad, esperanza y todo tipo de prosperidad humana.

La psicología de la humildad puede beneficiar a la iglesia

A lo largo del libro he argumentado que la iglesia necesita la psicología positiva para fomentar un diálogo significativo y apaciguador entre la fe y la ciencia, y seguir siendo relevante en una sociedad que mira cada vez más a la ciencia en busca de la verdad. Además, la iglesia puede aprovechar ciertos descubrimientos de la ciencia para tratar de contextualizarse y responder a los desafíos de la cultura occidental del siglo veintiuno. Un ejemplo de esto lo tenemos en el área del conflicto con Dios, en el que nosotros, como seres humanos, nos sentimos frustrados, desilusionados y enojados con Dios por las cosas malas que nos suceden a nosotros y a nuestro alrededor.

Pelearse con Dios ha sido siempre un problema en la iglesia, descrito con varios nombres (teodicea, el problema del dolor, la queja). Los escritores bíblicos piadosos, como el rey David, el hombre "según el corazón de Dios" (1 S 13:14), vivieron y expresaron esta lucha con Dios. Le plantearon preguntas difíciles y se quejaron por sus luchas, pero en el contexto de una relación segura con Dios. Hoy en día, enfadarse con Dios parece ser una de las principales razones por las que la gente abandona su relación con Él —o al menos con la iglesia.

Escondido entre la emergente literatura acerca de la humildad se encuentra un poco conocido estudio que parece tener una gran importancia al respecto. Los investigadores Joshua Grubbs y Julie Exline identificaron dos formas de pelearse con Dios: airarse con Dios y el miedo-culpa religioso.[25] Descubrieron que la humildad está relacionada de manera importante y negativamente con la ira contra Dios, incluso controlando otros rasgos de la personalidad. También la humildad contrarresta el miedo-culpa religioso,

---

[25] Grubbs y Exline, "Humbling Yourself before God."

aunque no tanto como lo hace con la ira contra Dios. Cuanto más humildes somos menos nos peleamos con Dios.

Esto tiene enormes implicaciones sobre cómo nos conducimos en la iglesia del siglo veintiuno. Lo que solemos hacer cuando alguien (muchas veces alguien joven) tiene dudas acerca de Dios es que reunimos a la persona con un apologista nato (generalmente una persona mayor). El apologista argumenta intelectualmente sobre por qué Dios sigue siendo bueno a pesar del sufrimiento que hay en la vida. El joven escucha educadamente y después, por lo general, se va de la iglesia. Pero después de lo que sabemos acerca de la humildad tal vez sería mucho mejor que el "peregrino" cuestionador se entrevistara con la persona más humilde que pudiéramos encontrar. La persona humilde puede que tenga menos certeza que ofrecer al buscador, pero probablemente la humildad se contagiará de alguna manera atractiva, y con humildad la pelea con Dios puede ceder.

Otra forma en que los feligreses pueden aprender de la psicología de la humildad tiene que ver con el mecanismo de la humildad cultural. Algunos de los mismos investigadores que han estudiado la humildad relacional y la humildad intelectual han ampliado las ideas para ver cómo interactuamos con aquellos que son culturalmente diferentes.[26] Muchos de los principales investigadores de psicología positiva que estudian la humildad cultural son cristianos comprometidos que desean ver la iglesia como un lugar donde encarnamos la humildad en relación con la diversidad humana. En la mayoría de las congregaciones sigue habiendo bastante segregación cultural, lo que significa que es imprescindible seguir esforzándonos para ser más acogedores y abiertos. La humildad, con su enfoque en el prójimo y en ser abiertos y capaces de aprender, es una excelente manera de comenzar el proceso para llegar a ser más abiertos culturalmente en nuestras comunidades de fe.

La humildad en la consejería cristiana

Por último, las investigaciones acerca de la humildad implican a los consejeros pastorales y cristianos. Comencé este capítulo

---

[26] Joshua N. Hook y otros, "Cultural Humility: Measuring Openness to Culturally Diverse Clients," *Journal of Counseling Psychology* 60 (2013): 353-66.

mencionando la relación histórica antitética entre el orgullo (como vicio) y la humildad (como virtud). Hay mucho que decir sobre ambos, pero en el gabinete de consejería puede llevarnos a engaño por dos razones como mínimo.

Primero, los consejeros estamos acostumbrados a pacientes orgullosos. Los llamamos narcisistas y a menudo nos sentimos abrumados por lo absorbentes y superficiales que pueden ser. Lo que normalmente pensamos es que debemos enseñarles a ser más humildes, pero luego nos sentimos frustrados porque todos nuestros esfuerzos para lograrlo parecen fracasar. Los consejeros experimentados saben que el narcisismo no es solo una manifestación del orgullo, sino que también es una defensa resultante de heridas precoces. En vez de enseñar humildad al paciente narcisista, parece mucho mejor moldearlo apoyándonos en sus testimonios, empatizando en forma excepcional con él/ella, incluso cuando nuestra tendencia natural sea el rechazo de la persona arrogante debido a lo desagradable que puede ser. Los consejeros hemos de moldear la humildad, incluso si nos sentamos con personas a quienes les cuesta ser humildes. Con esa empatía excepcional, y durante lo que a veces es un largo período de tiempo, descubrimos a un niño frágil y vulnerable que una vez fue tan profundamente herido que una gruesa coraza parece que fuera la única respuesta razonable. La coraza del orgullo aleja de momento a las personas, pero al menos protege a quien la lleva de su vulnerabilidad frente a otro ser humano.

En segundo lugar, a veces pensamos que el desprecio hacia uno mismo es lo opuesto al orgullo y, por tanto, lo asociamos con la humildad; que el narcisista es orgulloso, y el paciente deprimido humilde. Esta dicotomía es bastante falsa y puede ser una presuposición destructiva en el asesoramiento. Tanto el narcisista como el paciente deprimido están atrapados en un círculo autoabsorbente. La humildad no es tener un bajo concepto de sí mismo, sino pensar con cordura. Normalmente, con pacientes deprimidos solemos utilizar estrategias que incrementen la autoestima, asumiendo que lo único que tienen que hacer es pensar más en sí mismos, pero no creo que esto sirva de mucho. Parece más razonable enseñarles a echarse a un lado y dedicar menos tiempo a pensar en lo heridos y tristes que se sienten. En cambio, las personas tristes y deprimidas pueden aprender a aceptar que esos sentimientos aparecerán de vez en cuando, pero que no son los sentimientos los que determinan lo que ellos son. Muchas personas, incluyendo algunas que sufren depresión periódicamente a lo largo de sus vidas, son capaces de determinar sus valores y vivir vidas congruentes y productivas que contribuyen al bienestar de la sociedad. Para obtener más información sobre esta manera de abordar la consejería, consulta el excelente libro de Joshua Knabb sobre la terapia de aceptación y compromiso con pacientes cristianos.[27]

La humildad es un gran tema de diálogo para la ciencia y la iglesia. En este asunto, la iglesia es quien más puede aportar al diálogo debido a los siglos de reflexión y pensamiento dedicados al tema. La psicología es reciente, pero vale la pena tenerla en cuenta, especialmente en lo que respecta a las implicaciones que tiene para aquellos que se pelean con Dios y para quienes vienen a nuestros gabinetes de consejería.

---

[27] Joshua J. Knabb, *Faith-Based ACT for Christian Clients: An Integrative Treatment Approach* (New York: Routledge, 2016).

CAPÍTULO 5
LA ESPERANZA

Podría subtitular este capítulo "Tres estrellas y media para la psicología positiva". El estudio de la esperanza en los últimos decenios, al igual que con tantos otros temas tratados en este libro, ha ayudado a los científicos sociales a ver lo que va bien en la gente. Esta es una buena noticia después de que los psicólogos hayan pasado tanto tiempo estudiando lo que va mal. Ya disponemos de definiciones operativas de la esperanza, y cientos de estudios que muestran sus beneficios. Ole, ole y olé.

¿Por qué habríamos de callar? Cuando leo la psicología de la esperanza siento la inquietud de que pasamos por alto algo esencial de la virtud. Así que, sí, estudiemos la esperanza y hagamos fiesta, y al hacerlo vivamos más tiempo, pero a la vez, trabajemos también para redimir el concepto cristiano de la esperanza.

La gente de ciencia define la esperanza de diferentes maneras, pero muchos de ellos han retomado el trabajo inicial de C. R. Snyder y sus colaboradores de la década de 1980. Su concepto de esperanza implica (1) sentirme optimista de que el futuro puede ser mejor que el presente, (2) identificar las vías que me permitan avanzar desde donde estoy ahora a donde quiero llegar, y (3) tener la motivación para lograrlo. Dicho de otro modo, las personas con esperanza tienen una visión de lo posible, el modo de cambiar y la voluntad para hacerlo. Esta definición es la que más me gusta.

Cuando pienso en alguien de veinte años que ha abandonado los estudios en una escuela desfavorecida, que decide obtener un GED[1], y se matricula en un colegio comunitario para mejorar de alguna manera su vida, entonces me encanta la definición. Cuando imagino a un adolescente sedentario que decide moverse y comenzar a comer alimentos más sanos, es una gran definición. O cuando una persona recién divorciada decide que es hora de superar la amargura que la ahoga y la depresión por lo mucho que ha perdido y construir un futuro mejor, entonces esta es una excelente manera de entender la esperanza.

Pero esta definición a veces se queda corta. El Domingo de Ramos parece bastante esperanzador, pero la idea cristiana de la esperanza nos lleva más allá de las ramas de palmera y los *hosannas*, a las profundidades del valle del desánimo.

Si la esperanza es simplemente ser optimista pensando que el futuro será mejor que el presente y que podemos hacer algo para alcanzarlo me pregunto qué debo decirle a los amigos de mi clase de escuela dominical para adultos que están sufriendo de diversas maneras. Una persona acaba de perder a su esposa aquejada de leucemia. Varios están luchando contra el cáncer por primera o segunda vez. Otros han sufrido infartos cerebrales o están cuidando a sus cónyuges que los han sufrido. Uno de ellos casi perdió la vida debido a un brote de meningitis bacteriana y la septicemia subsiguiente y está recuperando su motricidad básica, como es andar. Un matrimonio acaba de perder a un nieto en un terrible accidente. Creo que cualquier definición de esperanza que pase por alto el papel del sufrimiento les parecerá pálida y raída a estos amigos. Sin embargo, veo alegría en sus ojos y soy testigo de la compasión que tienen los unos por los otros. Creo que cada uno de ellos ha vivido una versión de la esperanza mucho mayor que la que estamos estudiando en los laboratorios de psicología positiva. Todo este sufrimiento y más, ha afectado a una clase de unas cuarenta personas que se reúne semana tras semana. Cuando nos vemos, doloridos y cargados de años, la sala se llena de risas, de amor y esperanza que nunca podrán medirse por una escala de calificación de las ciencias sociales.

---

[1] GED: General Educational Development, un certificado de cultura general vigente en los EE.UU. y Canadá. N.T.

Ciertamente, puede haber un futuro brillante, pero la trayectoria no es una línea recta hacia arriba donde cada día es un poco mejor que el día anterior. Para resucitar hay que morir. Para que la esperanza funcione en la vida real ha de ayudarnos a encontrar significado en medio del gran sufrimiento.

En el excelente libro de David Brooks sobre la humildad, citado varias veces en el capítulo 4, se dice:

> La gente de la que habla este libro llevaba vidas diversas. Cada uno de ellos ejemplifica una de las actividades que conducen al carácter. Pero hay un patrón que se repite: tuvieron que bajar para subir. Tuvieron que descender al valle de la humildad para subir a las cimas del carácter […] Los autoengaños e ilusiones cotidianos de autocontrol se desvanecieron […] Pero entonces comenzó lo hermoso. En el valle de la humildad, aprendieron a acallar el yo. Solo acallando el yo pudieron ver el mundo con claridad. Solo acallando el yo, pudieron entender a otras personas y aceptar lo que ellos dan. Cuando acallaron su propio ser, abrieron la brecha para que la gracia los inundara.[2]

Aunque la palabra "esperanza" no aparece en el índice de Brooks, creo que su libro tiene mucho que ver con la esperanza. Al entrar en el valle de la humildad y solo entonces descubrir la gracia que otros nos ofrecen, experimentamos una profunda esperanza que "convive bien" en medio de las complejidades y turbulencias de la vida.

Una visión cristiana de la esperanza impregna la Semana Santa y de alguna manera encuentra esperanza en ella. Sí, la esperanza es la Pascua, pero aparece antes de la mañana de Pascua. Como el teólogo Simon Kwan escribe: "La verdadera esperanza solo puede entenderse bien frente a un horizonte escatológico".[3] La escatología se reduce a veces a la expectativa del cielo –el más allá siempre feliz– pero con lo maravilloso que es la esperanza del cielo, el teólogo Jürgen Moltmann nos recuerda que "de principio a fin, y no solo al final, el cristianismo es escatología, es esperanza,

---

[2] David Brooks, *The Road to Character* (New York: Random House, 2015), 13–14.
[3] Simon S. M. Kwan, "Interrogating Hope: The Pastoral Theology of Hope and Positive Psychology," *International Journal of Practical Theology* 14 (2010): 62.

mira y se mueve hacia adelante y, por tanto, revoluciona y transforma también el presente".[4]

Hay quienes distinguen entre lo que llaman esperanza específica (centrada en un objetivo o resultado concreto) y esperanza generalizada (un sentimiento más generalizado de que todo está bien, incluso si las circunstancias o acontecimientos particulares parecen decir lo contrario). Para el cristiano, un horizonte escatológico crea una expectativa positiva generalizada debido a la naturaleza y carácter de Dios, en esta vida y en el más allá. No está directamente vinculado a acontecimientos concretos, sino a Dios. En algún lugar del horizonte escatológico, visto a través de nuestro conocimiento finito de la insondable gracia de Dios, abundan la fe, la esperanza y el amor.

Los científicos solemos pensar en la esperanza como si fuera algo objetivo, una mezcla definible de conocimiento y comportamiento orientado a objetivos que se puede medir con escalas de autoevaluación, pero ¿y si la esperanza es más una relación que algo objetivo? Y aquí es donde esperas que diga que la esperanza se encuentra en la relación con Jesús. De acuerdo, lo diré: Jesús es la esencia de la esperanza para los cristianos, la imagen de Dios plenamente manifestada, pero la esperanza se expande desde ese centro hacia millones de personas dispersas a lo largo de la historia y alrededor del mundo. Cuando veo esperanza en los ojos de mis sufridos amigos de la escuela dominical de los que acabo de hablar, veo a Jesús, pero también veo a mis amigos, personas virtuosas que han sido transformadas por años de vida cristiana fiel en comunidades de creyentes que inspiran esperanza y teniendo permanentemente presentes generaciones que los han precedido. Ellos saben lo que es el valle de la humildad, y por eso pueden entender la gracia. Y en la gracia encuentran la esperanza. No es tanto una esperanza específica; cada una de las personas aquejadas de cáncer con los que comparto el culto semana tras semana dirá que su futuro es incierto, y una de ellas recientemente llamó a un centro de cuidados paliativos para que la ayudaran a pasar sus últimos días. Se trata más bien de una esperanza generalizada, que reafirma el carácter bondadoso y amable de las personas que

---

[4] Jürgen Moltmann, *Theology of Hope* (New York: Harper & Row, 1967), 16.

conocen y que han conocido en el pasado, y de Dios, de quien proceden todas las bendiciones y virtudes.

PSICOLOGÍA DE LA ESPERANZA

Aunque parezca que soy contrario al estudio científico de la esperanza, diré que no es así en absoluto. Estoy agradecido a la ciencia y a la psicología de la esperanza. A veces, las definiciones y los descubrimientos me parecen un poco flojos, sobre todo si tengo en cuenta el contexto eclesial más amplio de la esperanza cristiana a través de los siglos, pero aun así, soy un entusiasta experto en ciencias sociales La ciencia es el lenguaje del día, y si en la iglesia queremos seguir siendo relevantes, debemos mantenernos al día con su lenguaje, aunque solo merezca tres estrellas y media. Así que, lo que sigue es un breve e incompleto resumen de lo que sabemos sobre la esperanza.

La esperanza implica una visión de cómo ir hacia adelante (camino) y la motivación para llegar allí (acción). No sorprende que esto implique muchas consecuencias positivas para la salud.[5] Las personas con niveles relativamente altos de esperanza tienden a hacer más ejercicio que otros, así como a participar en otras actividades preventivas de enfermedades. Participan en menos actividades sexuales de alto riesgo que otras y son menos propensos a autolesionarse o tener ideas suicidas. Las personas con esperanza también comen más frutas y verduras que otras, y se las arreglan mejor cuando enferman, ya sea por quemaduras, lesiones de médula espinal, fibromialgia, artritis o ceguera. Siguen mejor el tratamiento y afrontan mejor el dolor que las personas con poca esperanza, lo que trae a colación una anécdota de Shane Lopez, destacado experto en esperanza.

En su libro *Making Hope Happen* (Hacer que la esperanza ocurra), Lopez cuenta una anécdota de su colega y mentor, CR Snyder, quien una vez apareció en el programa *Good Morning America* (Buenos días América) para hablar sobre la esperanza.[6] Snyder invitó a tres de las personalidades del programa: Charlie

---

[5] Kevin L. Rand y Jennifer S. Cheavens, "Hope Theory," in *The Oxford Handbook of Positive Psychology*, ed. Shane J. Lopez y C. R. Snyder, 2ª ed. (New York: Oxford, 2009), 323–33.

[6] Shane J. Lopez, *Making Hope Happen* (New York: Atria Books, 2013).

Gibson, Tim Johnson y Tony Perkins, a que sumergieran sus manos derechas en un tanque de agua helada durante el tiempo que pudieran soportarlo. Se trata, ciertamente, de una prueba común utilizada por los psicólogos para evaluar la tolerancia al dolor. Curiosamente, el orden en el que sacaron sus manos del agua fría fue precisamente el orden que Snyder pronosticó, basándose en el nivel de esperanza que había realizado a cada uno de ellos antes de la prueba. Por si te interesa, de los tres, Charlie Gibson fue el que más esperanza tenía, y quien aguantó más el dolor.

Recuerdo un experimento parecido con mi familia cuando mis tres hijos eran pequeños. La familia fuimos al parque un domingo por la tarde y acabamos teniendo un concurso de levantamiento de piernas. Las reglas del concurso, que puse pensando en ser yo el ganador, eran que había que tumbarse en la hierba y mantener los talones levantados unos quince centímetros por encima del suelo, con las piernas estiradas, y manteniendo esa postura todo el tiempo físicamente posible. El último en rendirse sería el ganador. La mayoría de los miembros de mi familia eran lo suficientemente sensatos como para dejar caer sus pies al suelo antes de que el dolor fuera insoportable. Pronto quedamos solo yo y mi hija menor, Megan Anna. Ella se quejaba de dolor, pero mantenía sus pies levantados sobre el suelo hasta que finalmente me rendí yo. Eso me dio una idea: quizás podríamos probar los dos mejores de tres, en lugar de proclamar de inmediato un ganador. Otra vez sucedió lo mismo. Megan Anna aguantó quejándose mucho y ganó el concurso. Recuerdo que le pregunté cómo lo había hecho y que su respuesta a sus siete años de edad me sorprendió bastante: "En cuanto me di cuenta de que el dolor se podía soportar, fue fácil".

Megan Anna y Charlie Gibson probablemente obtendrían una puntuación alta en el nivel de esperanza, al menos con respecto a la dimensión de la acción. Y lo va a necesitar, ya que se ha embarcado en un riguroso programa de doctorado a la vez que, junto a su esposo Luke, sigue atendiendo con amor a sus dos hijos.

La vida, y la esperanza, son más complicadas que el tiempo que uno puede aguantar con una mano en agua helada o con las piernas levantadas en el parque, y por eso es importante recordar que la esperanza también implica tener una visión de futuro. Así como quien está desesperado tiene una visión tenebrosa, quien tiene esperanza encuentra la manera de aguantar. Esto nos recuerda a Viktor Frankl, el autor de *Man's Search for Meaning* (*El hombre en busca de sentido*), quien sobrevivió a Auschwitz y a otros campos de concentración y le gustaba citar a Friedrich Nietzsche: "Quien tiene una razón para vivir puede soportar casi cualquier cosa". Aunque yo mismo no suelo citar mucho a Nietzsche, admiro profundamente a Frankl y su increíble capacidad para mantener la esperanza en medio de las condiciones más horrendas que uno puede imaginar.

Mientras que la esperanza provea el sentido de tener un propósito en la vida, los beneficios para la salud serán mayores. En un estudio y meta-análisis reciente, Randy Cohen y sus colaboradores explicaron que está bien comprobado que tener un alto sentido de propósito en la vida reduce el riesgo de padecer varios tipos de enfermedades e incidentes cardiovasculares con riesgo de muerte.[7] Distintos beneficios para la salud mental se han asociado también con la esperanza. Quienes tienen esperanza experimentan más emociones positivas y menos emociones negativas que otros. Los estudiantes universitarios que sienten esperanza responden que tienen más energía, más inspiración y más confianza que sus compañeros con menos esperanza y es menos probable que estén deprimidos. Del mismo modo, entre los adultos de más edad, la esperanza se asocia con una mayor satisfacción con la vida y un mayor bienestar. Y quienes tienen esperanza tienen relaciones más cercanas con los demás; y dicen dar y recibir más apoyo social que aquellos que tienen menos esperanza.[8]

Además de los beneficios en salud, las personas con altos niveles de esperanza hacen mejor su trabajo que el resto. Rebecca Reichard y sus colaboradores publicaron un extenso meta-análisis de esperanza en el trabajo e informaron de beneficios sustanciales relacionados con el rendimiento laboral en los empleados que sentían esperanza.[9] De igual modo, los estudiantes con esperanza

---

[7] Randy Cohen, Chirag Bavishi, y Alan Rozanski, "Purpose in Life and Its Relationship to All-Cause Mortality and Cardiovascular Events: A Meta-analysis," *Psychosomatic Medicine* 78 (2016): 122–33.

[8] Rand y Cheavens, "Hope Theory."

[9] Rebecca J. Reichard y otros, "Having the Will and Finding the Way: A Review and Meta-analysis of Hope at Work," *Journal of Positive Psychology* 8 (2013): 292–304.

asisten más a clase y obtienen mejores resultados académicos que los estudiantes con menos esperanza, incluso después de pasar controles de inteligencia.[10]

¿Te convences? Incluso si quisiéramos cuestionar a algunos por la definición de esperanza utilizada en tales estudios, la psicología de la esperanza es convincente y coherente. La esperanza está relacionada con todo tipo de cosas buenas.

Aunque la mayoría de las investigaciones que vinculan la esperanza y la salud tienen que ver con el modelo cognitivo desarrollado por Snyder y sus colaboradores, otros han estudiado la esperanza desde una perspectiva más integral. Por ejemplo, Anthony Scioli y Henry Biller creen que la esperanza proviene de una red de subsistemas que incluyen cuatro canales: dominio, apego, supervivencia y espiritualidad.[11] Mediante una sinopsis de varias disciplinas (psicología, filosofía, teología y enfermería), Scioli y sus colaboradores ven la esperanza como una "red de emociones de cuatro canales que mira al futuro, tejida con recursos biológicos, psicológicos y sociales".[12] Esta teoría más compleja de la esperanza encaja bien con las conversaciones complejas que aparecen en el gabinete de consejería y, posiblemente, en el lenguaje cotidiano.[13]

UNA VISIÓN CRISTIANA DE LA ESPERANZA

En *The Road to Character*, Brooks observa que ahora vivimos en una cultura que él llama *"The Big Me"* (El gran yo). El interés propio se ha convertido en el filtro omnipresente a través del cual comprender las ideas y los acontecimientos de la vida. Es algo tan normal que muchas veces ni siquiera nos justificamos o nos

---

[10] Shane J. Lopez, "Making Ripples: How Principals and Teachers Can Spread Hope throughout Our Schools," *Phi Delta Kappan* 92, no. 2 (2010): 40–44.

[11] Anthony Scioli y Henry B. Biller, *The Power of Hope: Overcoming Your Most Daunting Life Difficulties—No Matter What* (Deerfield Beach, FL: Health Communications Inc., 2010), 53–54.

[12] Anthony Scioli y otros, "Hope: Its Nature and Measurement," *Psychology of Religion and Spirituality* 3 (2011): 79.

[13] Denise J. Larsen y Rachel Stege, "Client Accounts of Hope in Early Counseling Sessions: A Qualitative Study," *Journal of Counseling & Development* 90 (2012): 45–54.

sentimos mal por ser tan egocéntricos. Este presupuesto cultural es bastante evidente al tratar la psicología de la esperanza.

Cuadro 5.1
The Big Me (El gran yo)

En una entrevista de National Public Radio de 2015, el columnista del *New York Times*, David Brooks, dijo esto sobre *"The Big Me"*.

Mi estadística favorita sobre el tema es que en 1950 la organización Gallup preguntó a los alumnos de último año de secundaria: ¿Eres una persona muy importante? Y en 1950, el 12% dijo que sí. Se volvió a preguntar en 2005 y esta vez fue el 80% que dijo que sí eran una persona muy importante. Así que vivimos en una cultura que nos anima a creernos que somos grandes nosotros mismos, y creo que el punto de partida para tratar de construir una bondad interior es creerte a ti mismo un poco más pequeño.

Por si realmente una imagen vale más que mil palabras, mira el gráfico aportado por Brooks:

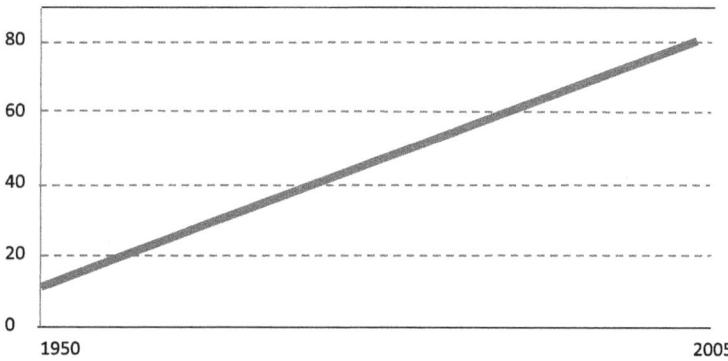

Figura 5:1 Alumnos de último año de secundaria que respondieron a "¿Eres una persona muy importante?"

Piensa en dos dimensiones del *The Big Me* en la psicología positiva de la esperanza. Primero, como ocurre en general con la psicología de la virtud, la mayoría de las investigaciones sobre la esperanza se centran en cómo se puede ayudar a la persona que tiene esperanza. Si hago caso a la psicología y esta me convence, puedo llegar a tener esperanza porque me hace bien, igual que si perdono y siento gratitud por las mismas razones. En segundo lugar, la misma definición de esperanza, al menos como la estudian sociólogos y psicólogos, se basa en algo que yo mismo puedo conseguir. Si estás en una situación complicada y eres una persona con esperanza, tienes la visión y la tenacidad para seguir adelante y mejorar tu situación. No tengo ninguna duda de que este tipo de esperanza es una buena cualidad en un ser humano, pero es incompleta en relación con una visión global de la virtud.

En su manual clásico de presentación del estudio científico de la virtud, Christopher Peterson y Martin E. P. Seligman recurrieron a muchas tradiciones religiosas para identificar virtudes, pero al tratar de describirlas su tendencia fue eliminar la mayor parte del lenguaje religioso. Eliminar lo religioso tiene cierto sentido desde un punto de vista científico, pero pone en cuestión lo distintas que se verán las virtudes respecto de su contexto original que se basa en la fe. A continuación tenemos, más o menos, el tratamiento completo que Peterson y Seligman aplican al fundamento religioso de la esperanza:

> La palabra *esperanza* tiene una larga historia, figurando de manera destacada en el discurso judeocristiano y dando nombre a una de las principales virtudes teológicas (junto a la fe y la caridad). A lo largo de su historia, la esperanza se ha referido a expectativas positivas sobre cosas que tienen una probabilidad razonable de llegar a suceder. En principio, hay un lado más oscuro de la esperanza, sin duda, pero por lo general sería una versión con calificativo (esperanza ciega, falsa esperanza, esperanza necia, etc.). No está claro si este lado más oscuro de la esperanza realmente existe o no.[14]

Observa que la no tan sutil implicación de la religión puede haber traído algunas ideas buenas, pero que debemos tener

---

[14] Christopher Peterson y Martin E. P. Seligman, *Character Strengths and Virtues: A Handbook and Classification* (Washington, DC: American Psychological Association; New York: Oxford University Press, 2004), 571.

cuidado para que la fe no nos ciegue. Es cierto que la religión puede ser usada para enmascarar la realidad, pero también es verdad que considerar cualquier virtud fuera de su contexto basado en la fe puede llevarnos a otra clase de ceguera. La vista de *The Big Me* no es que sea muy buena.

The Big Me centra la esperanza en mí mismo: mi visión, mi motivación, mi tenacidad, mis metas, mientras que el concepto cristiano de esperanza se centra en Jesús. Cuando la mayoría de nosotros nos debatimos por descubrir lo especiales o dignos que somos, o lo bien que se nos trata, o quizás el tiempo que podemos resistir con la mano metida en un cubo de agua helada, Jesús sube el monte cargando una cruz, muere como un criminal, tras una lenta agonía, para demostrar la plenitud y abnegación del amor divino. Solo hay un ser humano que alguna vez haya tenido el derecho de reclamar ser superior a los demás, ¿y qué hace él? Muere siendo inocente, nos perdona nuestro orgullo permanente y nos invita a caminar a su lado como amigos. La esperanza, para el cristiano, se centra en esto, en la relación con alguien lleno de amor sacrificial y que nos invita a relacionarnos entre nosotros de la misma manera.

Mientras estaba en Wheaton College, tuve el inconfundible privilegio de enseñar en el equipo de Walter Elwell, erudito del Nuevo Testamento de renombre mundial. Walter solía decirles a los alumnos, todos ellos estudiantes de psicología, "Como cristianos, nunca podemos perder la esperanza". Cada vez que Walter lo decía, lo hacía cargado de profunda significación. Allí había mujeres y hombres que se iban a sentar en cárceles evaluando y tratando a gente pendiente de condenas a cadena perpetua por crímenes horrendos, trabajando con familias con niños cuya custodia les habría sido retirada, hablando con adolescentes y adultos que padecían traumas y males inenarrables. En medio de esta realidad, Walter dijo eso para afirmar que la esperanza permanece. Si la esperanza depende de mí y de mi capacidad para superar cualquier circunstancia de la vida, entonces dudo de que lo que Walter dice sea verdad, pero si la esperanza se centra en Cristo y, por tanto, en el incansable y generoso amor de Dios, las palabras de Walter se clavan profundamente en mi alma y me causan una inexplicable sensación de paz y, bueno, de esperanza.

Para no ser demasiado duro con la psicología de la esperanza tengo que reafirmar el lugar que ocupa la motivación y la tenacidad, tan importantes para el concepto cognitivo de la esperanza. Del mismo modo, una perspectiva cristiana de la esperanza resalta la perseverancia y la constancia en medio de tiempos difíciles. Moltmann escribe que la esperanza puede "aun así seguir siendo un fragmento estéril de reducción teológica si no logramos pensar y actuar de otro modo necesariamente consecuente al enfrentarnos a las cosas y condiciones de este mundo. Mientras la esperanza no abarque y transforme el pensamiento y la acción de los hombres, seguirá siendo algo confuso e inútil".[15] La esperanza nos sostiene, nos purifica, nos inspira y nos consuela, a la vez que nos protege del desánimo y del cinismo. Como Elwell insistió con nuestros alumnos, los cristianos se aferran a la esperanza incluso en los momentos más difíciles. Para el cristiano, cuyo centro de la esperanza está fuera de sí mismo y de todas las posesiones que pueda adquirir, significa que la esperanza puede trascender la pérdida personal, la tragedia e incluso la muerte.

EL *TELOS* DE LA ESPERANZA

La falta de sueño es un problema para mí, como lo es para mucha gente. Si una noche duermo muy poco, al día siguiente generalmente estoy bastante bien, pero si la siguiente noche me ocurre lo mismo, al tercer día empiezo a ponerme de mal humor. El cuarto día, veo el mundo gris y sombrío, y suelo olvidarme de lo mucho que quiero tener esperanza. A veces mi falta de sueño se prolonga varios días más, tanto porque no suelo dormir mucho como porque tiendo a estar demasiado ocupado trabajando hasta horas absurdas para terminar las cosas. (Como dijimos en el capítulo sobre la humildad, aunque en nuestra sociedad estar muy ocupado suele estar muy bien visto, yo no considero que sea una virtud. Es una debilidad mía, y estoy tratando activamente de luchar contra ella).

He aprendido dos maneras de recuperar la esperanza en medio del desánimo que se apodera de mí cuando no duermo. Una de las maneras es la firmeza. Si estoy con cualquier proyecto

---

[15] Moltmann, *Theology of Hope*, 33.

que me está resultando pesado, simplemente lo hago; cuando por fin lo termino me siento tremendamente aliviado y duermo bien por la noche. Hay veces que duermo bien durante muchas noches seguidas. La vida recobra su brillo y parece ser prometedora, y puedo recuperar la visión y ser disciplinado de nuevo para acabar la tarea que no me dejaba dormir. Este es el tipo de esperanza camino/acción que estudia la psicología positiva.

La segunda manera de recuperar la esperanza a pesar de la falta de sueño es dar un paseo con Lisa. Tenemos una serie de itinerarios para caminar alrededor de nuestra casa, incluida una excursión de unos tres kilómetros subiendo y bajando un monte, por donde hay ovejas, llamas, caballos y vacas, y muchos campos y plantas muy bonitos. Si logramos verlo justo entre los nubarrones de Oregón, podemos disfrutar del paisaje del Monte Hood cuando descendemos monte abajo. Tenemos una buena charla, pensando acerca de las vueltas que hemos andado juntos. Y de alguna manera durante el recorrido recupero la esperanza. Creo que esto se parece más a la visión cristiana de la esperanza, profundamente relacional y conectada con el mundo que nos rodea. Para verlo mejor, imagina que a menudo Dios nos invita a caminar, solo para dar un paseo con nosotros y disfrutar de todo lo bello que nos rodea, para conversar y recordarnos que la vida es más que las cosas de las que nos ocupamos. Parafraseando y tomándonos algunas libertades con las poderosas palabras del rey David de Israel en el Salmo 23, vemos que Dios nos guía por sendas de justicia y junto a aguas de reposo, nos renueva, y aun si nuestro caminar nos lleva por el valle de sombra de muerte, Dios permanece a nuestro lado, llevándonos hacia una fiesta en el monte santo. Y así, paseando con Lisa y caminando con Dios, es donde es más probable que experimente la plenitud de ser humano. Una perspectiva relacional de la esperanza me acerca más a mi *telos* que entender la esperanza como una fortaleza, aunque creo que ambas cosas son importantes.

No es fácil caminar con Dios, en parte porque ya no estamos tan familiarizados con el carácter de Dios. A mi alrededor escucho a gente que se cuestiona si Dios es bueno cuando hay tantas cosas terribles que suceden. Es algo que lamento, porque creo que Dios desea que se le conozca y ha hecho todo lo posible por darse a conocer. Me pregunto cómo Dios vive esta gran ignorancia que hay de él cuando le culpamos de las tragedias de este mundo, siendo nosotros caprichosos y despreocupados por las cosas que ocurren en nuestra vida diaria.

Hay un modo de salir de este atolladero, al menos en cierta medida, pero no es una forma popular. Una buena fuente de esperanza para el cristiano ha de ser la doctrina del pecado, entendida correctamente. Históricamente, los cristianos hemos creído que el cosmos es más que una serie de obstáculos aleatorios que nos impulsan a la automotivación y a ser valientes con el objetivo de mejorarnos a nosotros mismos y vivir cuantos más días con el mayor éxito posible. Según la perspectiva cristiana, el cosmos refleja la lucha entre el bien y el mal, y todos nosotros vivimos bajo el peso de una realidad echada a perder.[16] Aun cuando deseamos algo mejor, creemos que lo ocurrido con Cristo (la encarnación, la vida, la muerte y la resurrección de Jesús) nos asegura que al final la buena voluntad vencerá al mal y está en el proceso de superarlo incluso ahora.

> Tengo por cierto que las aflicciones del tiempo presente no son comparables con la gloria venidera que en nosotros ha de manifestarse, porque el anhelo ardiente de la creación es el aguardar la manifestación de los hijos de Dios. La creación fue sujetada a vanidad, no por su propia voluntad, sino por causa del que la sujetó en esperanza. Por tanto, también la creación misma será libertada de la esclavitud de corrupción a la libertad gloriosa de los hijos de Dios. Sabemos que toda la creación gime a una, y a una está con dolores de parto hasta ahora. Y no solo ella, sino que también nosotros mismos, que tenemos las primicias del Espíritu, nosotros también gemimos dentro de nosotros mismos, esperando la adopción, la redención de nuestro cuerpo, porque en esperanza fuimos salvos; pero la esperanza que se ve, no es esperanza; ya que lo que alguno ve, ¿para qué esperarlo? Pero si esperamos lo que no vemos, con paciencia lo aguardamos (Ro 8:18–25).

Veo en la generación de mis alumnos que este lenguaje del pecado se está perdiendo. Es posible que se deba a que, en mi

---

[16] Mark R. McMinn, *Sin and Grace in Christian Counseling: An Integrative Paradigm* (Downers Grove, IL: InterVarsity, 2008).

generación, y quizás también en la generación de mis padres, se hizo hincapié en la naturaleza personal del pecado de una manera que producía más desesperanza que esperanza. Pero un estudio teológico cuidadoso siempre ha puesto de relieve que el pecado es tanto un acto como un estado –el estado significa que todo el mundo está oprimido y deformado por el peso de una creación caída. Y si dejamos de entender el pecado como estado, también perdemos toda la capacidad de explicar la tragedia y el sufrimiento humanos. Miremos a donde miremos parece haber dolor, pérdidas y problemas. La única posibilidad en una teología sin pecado es que Dios es arbitrario, o impotente o la fuente del bien y del mal. Es difícil encontrar esperanza en una relación con un Dios así. En *Speaking of Sin* (Hablando del pecado), Barbara Brown Taylor se refiere al pecado como "nuestra única esperanza", y aunque la propia Taylor puede haber cambiado algo de su pensamiento teológico en los últimos decenios, creo que la conexión que establece entre el pecado y la esperanza es convincente por al menos dos razones. [17] Primero, si creemos en el pecado, podemos entender mejor el sufrimiento. No quiero decir con esto que haya una simple correlación directa entre la conducta pecaminosa de una persona y el sufrimiento que esa persona experimenta. Desde la época de Agustín, y puede que desde antes, los cristianos han entendido que hay cosas terribles que sucederán en un mundo que gime bajo el peso del pecado. Ninguna fórmula simple puede explicar cómo y por qué las personas sufren o por qué algunas personas han de soportar más sufrimiento que otras, pero claramente el sufrimiento seguirá existiendo y visitará a cada alma humana de diferentes maneras. Podemos mirar a Adán y Eva, como hizo Agustín, cualquiera que sea nuestra manera de entender la historicidad de los primeros seres humanos, pero también podemos mirarnos a nosotros mismos y ver que todavía comemos la fruta prohibida y nos escondemos avergonzados, y cada vez que lo hacemos contribuimos a la carga de quebrantamiento de este mundo. Puede que no tengamos la misma capacidad moral que tenían los primeros seres humanos, porque el peso del pecado

---

[17] Barbara B. Taylor, *Speaking of Sin: The Lost Language of Salvation* (Boston: Cowley, 2000), 41.

nos debilita, pero aun así, nos hacemos cómplices del egoísmo humano que acaba dañando cada parte de nuestro mundo.

Segundo, si existimos en medio de una gran lucha cósmica del bien contra el mal, y si esta misma lucha existe dentro de cada alma humana, entonces podemos comenzar a comprender el carácter amante y abnegado de Dios. En lugar de ser el origen del sufrimiento humano, Dios es un ser paciente, amante y que no se detendrá ante nada para darnos esperanza a pesar de nuestra lucha. Aunque la batalla arrecie, y con la promesa de que la buena voluntad finalmente triunfará sobre el mal, Jesús viene a nuestro lado en nuestra miseria, suda, sangra y llora a nuestro lado, nos enseña a poder vivir y morir en la virtud, y luego, al final, demuestra el poder de la resurrección que cambia el mundo y que finalmente derrotará el poder de todo pecado.

Esta misma mañana he sabido de una mujer que se despidió ayer de su esposo cuando este se dirigía al trabajo y que hoy está viuda porque de manera repentina se le rompió la aorta. Ha estado sentada en el hospital durante catorce horas mientras lo operaban, diciendo lo mucho que quiere a su marido y lo desesperada que se va a quedar sin él y, aun así, que confía en Dios, suceda lo que suceda. Puede que sus palabras no tengan sentido para la mayoría de las personas que las han escuchado, pero creo que ella entiende que Cristo está sufriendo junto a ella hoy, como lo están sus amigos y familiares, lamentándose con ella mientras el peso de este mundo caído cae sobre sus hombros. Estoy seguro de que tiene esperanza en un día futuro en el que volverá a ver a su marido, pero aún más, creo que encuentra esperanza en la presencia sustentadora de quien entiende el sufrimiento mejor que nadie. Ella camina con Dios y con otros que comparten su idea de Dios, a través del valle de sombra de muerte, y no puedo pensar en mejores compañeros en un valle tan tenebroso.

LA ESPERANZA DE LA PSICOLOGÍA Y LA CRISTIANA, JUNTAS

Ninguno de los estudios basados en la iglesia de los que hablo en este libro ha tenido que ver directamente con la esperanza, pero uno de mis antiguos alumnos de doctorado, Brian Goetsch, estudió la relación de la oración y la esperanza entre los estudiantes universitarios cristianos. Una vez al día durante dos semanas, los estudiantes fueron dirigidos a través de un ejercicio de oración o un ejercicio de relajación en su teléfono móvil. Un tercer grupo no hizo nada, solo rellenó el cuestionario sobre la esperanza al principio y al final del estudio. El estudio estuvo plagado de problemas varios: no sabíamos si los participantes realizaban los ejercicios de oración y relajación de manera rigurosa, por ejemplo. ¿Jugaba la oración un papel de fondo mientras el participante estudiaba o veía la televisión, o estaba comprometido plenamente en oración como una disciplina espiritual? El tamaño de las muestras era bueno, pero no grande. Dos semanas no es mucho tiempo para ningún tipo de tratamiento de oración. ¿Qué diferencia hay entre la oración y la relajación? Y podría seguir enumerando limitaciones.

Aun así, incluso con las limitaciones típicas que afectan a casi todos los proyectos de tesis, vimos que si solo comparábamos los grupos de oración y de control, el grupo de oración experimentó un cambio significativo en su esperanza (figura 5.2). Puede que esto refleje la naturaleza relacional de la esperanza. Si las relaciones se promueven a través del diálogo, hablar con Dios (oración) también debería mejorar nuestra relación con Dios. Y si la esperanza es relacional, entonces tiene sentido que la oración pueda marcar una diferencia.

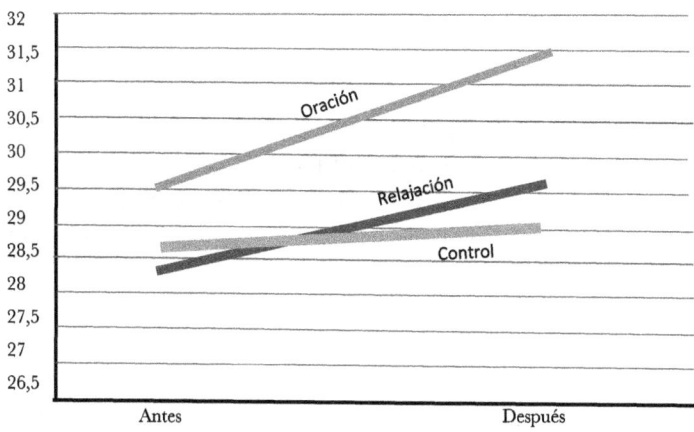

Puntuaciones del *Nivel de Estado de Esperanza* antes y después del tratamiento de dos semanas. El tamaño de las muestras fue de 36 para el grupo de oración, 35 para el grupo de relajación y 39 para el grupo de control.

Figura 5:2 Oración y esperanza

REDIMIR LA ESPERANZA

Aprender de la psicología positiva

En este capítulo he sido exigente con la psicología positiva de la esperanza, pero recuerda que creo que merece tres estrellas y media. Durante demasiado tiempo, los psicólogos se han centrado en la falta de esperanza, y me alegra ver que ahora estamos teniendo en cuenta la virtud de la esperanza. Y los psicólogos positivos tienen razón en que la esperanza requiere cierto grado de perspectiva y constancia. Pienso en la viuda de la que hablé hace unas pocas páginas, y las diferentes personas de mi clase de escuela dominical que padecen cáncer u otras aflicciones, y todos se esforzarán por elaborar una visión de lo que va a venir a continuación para luego trabajar con valentía y llegar hasta allí. Qué bien estaría que las cosas más difíciles de la vida fueran cubos de agua helada y concursos de levantamiento de piernas, pero todos sabemos que las cosas no son así. La vida es dura.

La nueva psicología de la virtud nos enseña que quienes se sienten esperanzados en medio de las dificultades de la vida experimentarán beneficios relacionados con la salud, pero que nadie escapa por completo a los problemas.

Mencioné anteriormente en este capítulo que Anthony Scioli y sus colaboradores han sugerido una alternativa al modelo de esperanza que la literatura científica ha llamado de camino/acción. Scioli sugiere que la esperanza es multifacética, implicando espiritualidad y conectividad social. El hecho de que el pensamiento cristiano brinde una perspectiva relacional de la esperanza, debería animar a los científicos sociales a tener en cuenta lo que Scioli tiene que decir y dirigir nuestros estudios según su modelo en vez del modelo cognitivo mayoritariamente aceptado sugerido por Snyder y sus seguidores.

¿Qué puede aportar el pensamiento cristiano a la esperanza?

Aparte del modelo, quizás la mayor contribución que el cristianismo puede hacer al estudio de la esperanza es lo que ocurre semana tras semana en las comunidades de creyentes de todo el mundo. No estoy totalmente seguro de por qué los creyentes viven más tiempo que los que no lo son (es un hecho bastante bien demostrado en la literatura demográfica, aunque la causa y el efecto no estén claros), pero intuyo que la esperanza puede tener algo que ver con ello. Hace poco oí decir a una colaboradora que había recibido más de cuarenta tarjetas de pésame cuando falleció su madre. Su hermano, que no asistía a la iglesia, recibió dos. Si el cristianismo nos anima a tener una visión relacional de la esperanza que se cumple conociendo a Jesús, también nos llama a conocernos los unos a los otros, a invertirnos en las vidas de nuestros hermanos y hermanas, a conocer y ser conocidos. Aun cuando Moltmann nos recuerda que la escatología es esperanza, presente y futura, nuestras interacciones diarias son ejemplo de nuestra esperanza compartida, prestándosela a otros cuando la suya puede estar mermada y recibiéndola de ellos cuando la nuestra se agota.

La conexión entre las dificultades y la esperanza se ve claramente en la enseñanza cristiana y ambas apuntan hacia la importancia de conocer y vivir una relación con Dios. Al escribir a los seguidores de Cristo en Roma, el apóstol Pablo deja claro cuál es el punto de contacto: "Y no solo esto, sino que también nos gloriamos en las tribulaciones, sabiendo que la tribulación produce paciencia; y la paciencia, prueba; y la prueba, esperanza; y la esperanza no nos defrauda, porque el amor de Dios ha sido derramado en nuestros corazones por el Espíritu Santo que nos fue dado" (Ro 5:3-5).

La psicología de la esperanza puede beneficiar a la iglesia

Uno de los beneficios de la psicología es que trae experiencias implícitas a los foros abiertos de diálogo e investigación. La psicología de la esperanza, si se la toma en serio, puede ayudarnos a estudiar y comprender mejor el papel de la esperanza en la comunidad cristiana.

En 1999, mientras me dirigía a mi automóvil por el aparcamiento, desde la unidad psiquiátrica para pacientes hospitalizados donde realizaba evaluaciones psicológicas una o dos veces por semana, tuve una revelación que cambió mi vida profesional. Recuerdo que pensaba en la paciente que acababa de entrevistar, en el informe que estaría escribiendo hasta bien entrada la noche, en lo desesperada y sola que parecía estar, y después recordé la frecuencia con la que mis informes tenían un párrafo similar sobre los pacientes que había visto. Aunque vivimos en un mundo con entretenimiento y en continuo movimiento, y ahora con más posibilidades de redes sociales de las que podríamos haber imaginado en 1999, muchas personas luchan con la soledad, y con la soledad llega la desesperanza. Mi revelación comenzó en forma de pregunta. ¿Dónde, en la sociedad actual, encuentra la gente un punto de contacto? La respuesta siguió de inmediato: en las comunidades de fe. Las comunidades de fe no son perfectas, pero son lugares donde las personas suelen vivir un contacto mutuo y con Dios, y de camino encuentran esperanza. Me comprometí a dirigir mi atención profesional hacia la iglesia durante los años que se me concedieran en esta carrera mía. Esta revelación ha cambiado mi investigación y mi trabajo clínico y ha redimido mi concepto de esperanza.

La esperanza en la consejería cristiana

En este capítulo he sido crítico con la idea de la esperanza como camino/acción, en parte porque minimiza la naturaleza relacional que la esperanza tiene en el cristianismo. Aun así, la perspectiva de camino/acción puede ser útil en consejería, especialmente si se ofrece en el contexto de una relación segura, que es en lo que se convierten con el tiempo la mayoría de las relaciones de consejería. Un camino ofrece una visión de futuro, aunque a veces esto no está claro para los pacientes cuando llegan buscado ayuda por primera vez. Con el tiempo, conforme van filtrando sus niveles de dolor y desesperanza, recuerdan sus valores fundamentales, y quizás incluso las virtudes que subyacen en esos valores. Y cuando esto sucede, entrevén el camino que está por adelante. Los consejeros experimentados pueden referir casos de estas transiciones: las nubes oscuras se disipan y el sol aparece por un momento durante la sesión, y en este sorprendente momento hay esperanza, inspiración y paz. Es una experiencia poderosa tanto para el paciente como para el consejero, a menudo acompañada por lágrimas de alegría. Las nubes volverán, por supuesto, y luego retrocederán, tal vez una y otra vez, pero el camino está abierto.

La acción en consejería implica aguantar el dolor, tal como, aunque de forma diferente, lo implicaba para Charlie Gibson al meter su mano en agua helada o para mi hija en nuestro concurso familiar levantado las piernas. Con mucha frecuencia, los consejeros olvidamos esto y hacemos creer a nuestros pacientes que podemos ayudarles a escapar de su dolor. Después de muchos años haciendo mi trabajo, ya no estoy tan seguro de ello. Hay dolor que solo puede ser aceptado y soportado porque no se lo puede evitar. Pero si hay un camino abierto, y se ha establecido una relación segura, es sorprendente observar los cambios que son posibles y la esperanza que los motiva.

En la consejería cristiana y en la iglesia, nuestras convicciones compartidas pueden hablar tanto del camino como de la acción a seguir, así como añadir el apoyo relacional que experimentamos con un Dios que nos ama. El camino se abre más hacia adelante para quienes creen en el amor eterno de Dios y en la esperanza de una vida abundante y eterna. La acción viene respaldada por siglos de creyentes que nos han precedido, soportando multitud de pruebas y luchas, porque el camino a seguir así lo requería (ver Hebreos 11 y 12). Y en todos los caminos, tenemos un compañero que sabe lo que es sufrir y soportar dificultades enormes, porque Dios no se contentó con dejarnos solos en nuestra miseria, sino que se acercó a nosotros para caminar con nosotros y mostrarnos cómo vivir.

Ojalá la iglesia sea un lugar abierto al estudio de lo que profesamos, y de camino, quiera Dios que todos podamos apuntar a la esperanza que trasciende la fuerza de voluntad humana y nos anima a conocer a Jesús.

> Que el Dios de paz,
> que resucitó de los muertos a nuestro Señor Jesucristo,
> el gran pastor de las ovejas,
> por la sangre del pacto eterno,
> os haga aptos en toda obra buena
> para que hagáis su voluntad,
> haciendo él en vosotros
> lo que es agradable delante de él por Jesucristo;
> al cual sea la gloria por los siglos de los siglos. Amén.
> Hebreos 13:20-21

CAPÍTULO 6
LA GRACIA

Cuando pensamos en una persona virtuosa, la mayoría imaginamos una persona dadivosa; que da con generosidad tiempo y recursos, alcanzando a compañeros y vecinos necesitados. Alguien que se preocupa profundamente por sus hijos y se sacrifica personalmente por su bienestar; que perdona a quienes han sido injustos y le han hecho daño, y obra amablemente para con los demás, incluso si ellos no lo son; que renuncia a ser reconocido públicamente y trabaja arduamente para que los demás sean más virtuosos y atentos.

En la economía opuesta del cristianismo, el núcleo de la virtud comienza recibiendo en vez de dando. La persona virtuosa es antes de nada alguien que obtiene algo sin dar nada a cambio; es el "aprovechado" que de ninguna manera puede pagar por el regalo monumental que ha recibido. Cuanto más intentamos devolverlo, más rechazamos el don que es el germen de toda virtud. Aunque la virtud cristiana finalmente lleva a dar y a ser generosos para con los demás, comienza con la Gran recepción. Comienza con la gracia.

Puede parecer extraño incluir un capítulo sobre la gracia cuando se puede legítimamente cuestionar si ni siquiera es una virtud. Después de todo, la gracia es más una cualidad divina que humana, y nunca aparece en las listas clásicas de virtudes consideradas a lo largo de los siglos. He querido incluir la gracia por varias razones.

En primer lugar, la mayoría de las virtudes son débiles reflejos humanos de los atributos de Dios. Si bien es cierto que ninguno de nosotros puede ser misericordioso como Dios lo es, parece razonable suponer que podemos vivir y expresar alguna forma limitada de gracia los unos con los otros, del mismo modo que podemos perdonarnos unos a otros, aunque nunca de forma tan completa y perfecta como lo hace Dios. Nunca podemos ser tan humildes como Jesús, o tan sabios como él, pero aun así, podemos aspirar a manifestar esas cualidades. En este sentido, podemos considerar la gracia como una virtud.

Segundo, la gracia está estrechamente ligada a la gratitud, que sí es una virtud. Cuando Oprah Winfrey entrevistó a Elie Wiesel, ganador del Premio Nobel de la Paz y humanitario de origen rumano, para la edición de noviembre de *O: The Oprah Magazine*,[1] Wiesel observó: "Para mí, cada hora es una gracia. Y me siento agradecido en mi corazón cada vez que puedo encontrarme con alguien y mirar su sonrisa". La gratitud es la respuesta adecuada, quizás la única respuesta razonable, a los dones gratuitos que llenan la creación. Resalté la palabra "regalo" en el capítulo que habla de la gratitud, y también generosamente lo haré aquí y allá a lo largo de este capítulo. Algunos eruditos bíblicos actuales entienden que "regalo" y "gracia" son sinónimos.[2]

En tercer lugar, parece probable que la gracia sea cada vez más importante para la psicología positiva, que es la ciencia moderna de la virtud. La Fundación Templeton financió recientemente el Proyecto *Amazing Grace*,[3] y es probable que le sigan otros fondos adicionales. Algunos de los principales psicólogos positivos que estudian la gratitud se han interesado por la gracia, por lo que habrá más ciencia de calidad sobre el tema.

Cuarto, podríamos entender que la gracia de Dios es el centro de todas las demás virtudes. Sin vislumbrar la gracia de Dios

---

[1] Revista mensual fundada por Oprah Winfrey y el Grupo de prensa Hearts Communications, dirigido principalmente a las mujeres. N.T.

[2] John M. G. Barclay, *Paul and the Gift* (Grand Rapids: Eerdmans, 2015).

[3] Ver la página de Facebook del Proyecto Amazing Grace, https://www.facebook.com/Project-Amazing-Grace-696913600428471/.

o experimentar la gracia común de Dios, que afecta a toda la creación, lo reconozcamos o no, ¿podríamos perdonarnos unos a otros? ¿Qué clase de esperanza tendríamos de no ser por la gracia justificadora, santificadora y glorificadora de Dios? ¿Podemos siquiera imaginar la sabiduría sin el don de la graciosa presencia de Dios en nuestras vidas y en nuestro mundo? Los regalos hacen que nos sintamos agradecidos, o deberían hacerlo, por eso la gratitud está tan estrechamente vinculada a la gracia. La humildad, la capacidad de ver más allá de mí mismo y fijarme en el otro, es posible porque es real en el carácter misericordioso de Dios, hecho plenamente evidente en la encarnación, la vida, la muerte y la resurrección de Jesús. Incluso la fe, considerada durante mucho tiempo una virtud cristiana, solo es posible por la gracia de Dios (Ef 2:8-9).

Cuadro 6.1
Dimensiones de la gracia

El *Nivel dimensional de la gracia* es una escala de treinta y seis elementos que combina elementos de escalas anteriores. Usando un procedimiento estadístico llamado análisis factorial, los autores identificaron cinco sub-escalas. A continuación, siguen las sub-escalas y elementos de muestra de cada uno.

Experimentar la gracia de Dios
"Dios está en el proceso de hacerme más como Jesús".

Gracia cara (relacionada con la noción de la "gracia barata" de Bonhoeffer) "Mi comportamiento no importa, ya que he sido perdonado".

Gracia para con uno mismo
"A veces me siento avergonzado".

Gracia de los demás
"De niño confiaba en que al menos uno de mis padres me amaba sin importarle nada".

Gracia hacia los demás
"Si otros me ofenden o me hacen daño, generalmente me resulta fácil perdonarlos".

Quinto, aunque este libro no está dedicado principalmente a la consejería, he intentado establecer puntos de conexión con la consejería en cada capítulo. Como psicólogo clínico, durante mucho tiempo he sentido que la consejería y la psicoterapia son, al menos en cierta medida, un ejercicio de gracia. Desde que leí el libro de Frederick Buechner *A Place Called Remember* (Un sitio llamado recuerda),[4] me he acordado del cuadro de Norman Rockwell titulado *Saying Grace* (Dando gracias). Buechner describe el cuadro con tanta fuerza en su libro que me sentí impulsado a buscarlo y pedir una copia para colgarlo en nuestro comedor. En el cuadro, una anciana y un niño pequeño, presumiblemente el nieto de la mujer, se sientan en un concurrido restaurante lleno de humo e inclinan sus rostros para dar gracia antes de comer. Al otro lado de la mesa, dos adolescentes, uno con un cigarrillo en sus labios, se inclinan para ver más de cerca lo que hacen. La imagen, creo yo, no trata tanto de orar antes de comer como de ser mensajeros de la gracia en un mundo ruidoso, complicado y desordenado. Eso es aconsejar, sentarse con la gente en los lugares complicados de la vida, con una presencia tan calmada y amable que haga que las personas quieran inclinarse a mirar más de cerca.

Por último, es personalmente importante para mí porque he pasado toda mi vida adulta reflexionando sobre la gracia.[5] Ciertamente, no lo he entendido todo y probablemente nunca lo haré de este lado del cielo, pero me encanta mirar la gracia con atención, estudiar sus matices, contornos y significado, para ver cómo puede penetrar mi vida y guiarme en el modo de relacionarme con Dios y con los demás. Incluir un capítulo sobre la gracia en este libro que trata de la virtud me da una oportunidad más para saturar mi corazón y mi mente con el tema más importante que puedo imaginar.

LA PSICOLOGÍA DE LA GRACIA

Los científicos sociales distinguen entre la investigación teórica y la experimental; la primera se trata de artículos que promueven

---

[4] Frederick Buechner, *A Room Called Remember: Uncollected Pieces* (San Francisco: HarperCollins, 1984).

[5] Mark R. McMinn, *Sin and Grace in Christian Counseling: An Integrative Paradigm* (Downers Grove, IL: InterVarsity, 2008).

nuestra comprensión conceptual de un tema y la segunda incluye la recogida y el análisis de datos. Debido a que la psicología positiva se ha convertido en una fuerza tan dominante en las ciencias sociales durante los últimos veinte años, la mayoría de los temas estudiados en este libro disponen de una sólida literatura empírica que muestra cómo una virtud concreta es buena para la salud individual y relacional. La gracia es una excepción. Hay algunos artículos teóricos en la literatura científica, pero pocos artículos experimentales.

Las evidencias previas indican que recalcar la gracia con los matrimonios aumenta la empatía, el perdón y la reconciliación.[6] También disponemos de algunas evidencias iniciales que indican que tener la gracia como referencia tiene que ver con la disminución de los niveles de depresión y ansiedad y con el aumento de la salud mental en general.[7] Sabemos que a los líderes cristianos les gustaría que los psicólogos comprendieran mejor la doctrina cristiana del pecado y todas sus implicaciones respecto de la gracia, porque sin el pecado no podemos entender la gracia en su plenitud.[8] Aparte de estos pocos artículos, la mayoría de los estudios experimentales sobre la gracia se han centrado en el desarrollo de escalas, con una escala relativamente reciente, la *Escala dimensional de la gracia*, que combina elementos de tres escalas previas.[9]

---

[6] John Beckenbach, Shawn Patrick, y James N. Sells, "Relationship Conflict and Restoration Model: A Preliminary Exploration of Concepts and Therapeutic Utility," *Contemporary Family Therapy* 32 (2010): 290–301; Shawn Patrick y otros, "An Empirical Investigation into Justice, Grace, and Forgiveness: Paths to Relationship Satisfaction," *Family Journal: Counseling and Therapy for Couples and Families* 21 (2013): 142–53.

[7] Timothy A. Sisemore y otros, "Grace and Christian Psychology—Part 1: Preliminary Measurement, Relationships, and Implications for Practice," *Edification: The Transdisciplinary Journal of Christian Psychology* 4, n° 2 (2011): 57–63; Paul J. Watson, Ronald J. Morris, y Ralph W. Hood Jr., "Sin and Self-Functioning, Part 1: Grace, Guilt, and Self-Consciousness," *Journal of Psychology and Theology* 16 (1988): 254–69.

[8] Mark R. McMinn y otros, "Professional Psychology and the Doctrines of Sin and Grace: Christian Leaders' Perspectives," *Professional Psychology: Research and Practice* 37 (2006): 295–302.

[9] Rodger K. Bufford y otros, "Preliminary Analyses of Three Measures of Grace: Can They Be Unified?" *Journal of Psychology and Theology* 43 (2015): 86–97; Rodger K. Bufford, Timothy A. Sisemore, y Amanda M. Blackburn, "Dimensions of Grace: Factor Analysis of Three Grace Scales," *Psychology of Religion and Spirituality* 9 (2017): 56–69.

Aunque no tenemos muchas pruebas experimentales con respecto a la gracia, los científicos más importantes están preparados para investigar más sobre el tema, y al menos una de las principales fundaciones está interesada en financiar la investigación en esta área, por lo que es probable que pronto aparezcan más estudios. El tipo de preguntas que el Proyecto *Amazing Grace* desea que se aborden en futuras investigaciones son las siguientes:

1. ¿Cómo se aprende la gracia?
2. ¿Por qué cuesta tanto aceptar la idea de la gracia?
3. ¿Cómo nos transforma la gracia?
4. ¿Cómo nos ayuda la gracia a crecer, espiritual y emocionalmente?
5. ¿Hasta qué punto nos ayuda la gracia a protegernos de experiencias emocionales negativas tales como la soledad y la vergüenza?
6. ¿Hasta qué punto la gracia mejora el resultado de una buena salud mental, como la alegría y el contentamiento?
7. ¿Cuál es el vínculo existente entre la percepción del propio quebrantamiento y la aceptación de la gracia de Dios?
8. ¿Cambia nuestra perspectiva y experiencia de la gracia la posibilidad de otorgársela a los demás?
9. ¿Está la gracia conectada con la humildad y el perdón hacia uno mismo?
10. ¿Cómo afecta la gracia a la labor de consejería y de psicoterapia?
11. ¿Cómo puede la psicología de la gracia afectar a la iglesia?
12. ¿Cómo se enseña la gracia?
13. ¿Cuáles son los abusos y problemas comunes en relación con nuestro concepto de la gracia?
14. ¿Puede ser perjudicial para la gente darles algo que no merecen? En caso afirmativo, ¿cómo afecta esto nuestro concepto de la gracia?

Está claro que hay aún mucho trabajo por hacer sobre este tema. Una vibrante psicología positiva de la gracia podría ayudar a tender puentes entre la comunidad científica y las comunidades de fe, que nos ayuden a comprender algunos de los beneficios que experimentan quienes son conscientes del don de la gracia.

UNA VISIÓN CRISTIANA DE LA GRACIA

Por mucho que podamos desentrañar los misterios de la gracia, nunca lo sabremos completamente todo, y ciertamente no por medio de la ciencia. El autor y psicólogo cristiano Alan Tjeltveit señala que "ni Dios ni la gracia pueden ser plenamente –y quizá ni tan siquiera parcialmente– cuantificados y manipulados", como lo exige la ciencia.[10] La gracia, ese insondable don de Dios, refleja el carácter del Creador y, paradójicamente, ambos quieren ser conocidos; pero ser plenamente conocidos por los finitos mortales supera con creces el orden creado para ellos. Así que, quizás la primera contribución del punto de vista cristiano sobre la gracia sea señalar que la gracia es imposible de comprender por completo.

Al inicio de mi carrera, escribí un libro sobre la gracia que intenté diligentemente publicar, enviándolo a varias editoriales. Nunca se publicó, y ahora doy gracias por ello. Unos veinte años más tarde, publiqué dos libros sobre la gracia, y aunque estoy mayormente satisfecho con estos libros posteriores, hay varias cosas en las que estaba equivocado –probablemente más de lo que pienso.[11] No importa lo profundamente que estudiemos el tema de la gracia, nunca podremos entenderlo plenamente. La gracia, como el propio carácter de Dios, es demasiado amplia para comprenderla, describirla o contenerla.

Otra aportación del cristianismo es que nos recuerda lo antisistema que es el concepto de la gracia, pudiendo ser una de las razones por que la hace tan difícil de entender. La autosuficiencia goza de buena popularidad en la vida moderna. Vivo en un Estado que tiene oficinas de autosuficiencia administradas por el Departamento de Servicios Humanos, lo cual es bastante paradójico, porque el propósito de las oficinas es proporcionar alimentos, dinero en efectivo, cuidado de niños y atención al refugiado

---

[10] Alan C. Tjeltveit, "Understanding Human Beings in the Light of Grace: The Possibility and Promise of Theology-Informed Psychologies," *Consensus: A Canadian Lutheran Journal of Theology* 29 (2004): 100.

[11] Mark R. McMinn, *Why Sin Matters: The Surprising Relationship between Our Sin and God's Grace* (Wheaton: Tyndale House, 2004). Ver también McMinn, *Sin and Grace in Christian Counseling*.

para quienes los necesitan. Pero ninguno de nosotros quiere ser un necesitado, por lo que es más probable que vayamos a la Oficina de Autosuficiencia que a la Oficina de "Necesito Ayuda". Es fácil encontrar tutoriales en Internet para vivir una vida autosuficiente, e incluso hay una revista de autosuficiencia, con el lema "Ideas sobre cómo vivir un estilo de vida autosuficiente". Y siendo honesto, he de admitir que soy fan de todos ellos. Me alegra saber que en Oregón hay oficinas para ayudar a los necesitados y que también las metas son ayudar a las familias e individuos necesitados para que alcancen la independencia financiera. Los sitios web sobre autosuficiencia explican cómo criar pollos y ahorrar agua y mantener tus propias abejas, y la revista da ideas sobre cómo conservar los alimentos, cultivar patatas grandes y todo tipo de ideas creativas para el hogar. Cultivo patatas y crío pollos y abejas, ayudo a Lisa a conservar los alimentos cada vez que tengo tiempo, y tengo cinco escaleras porque emocionalmente es más fácil comprar otra escalera que pedirle a un vecino que me la preste. Yo podría ser un ejemplo de autosuficiencia.

Jesús me invita a mí, y a personas autosuficientes como yo, a tener necesidad. Por mucho que me resista a la invitación, es el único camino hacia la gracia. Aceptar la invitación de Dios a tener necesidad hace que deje de centrarme en mí mismo y que lo haga en el don y su donante. En un salmo que he leído cientos de veces en mi vida, el rey David de Israel concluye con estas palabras: "Aunque yo esté afligido y necesitado, Jehová pensará en mí. Mi ayuda y mi libertador eres tú. ¡Dios mío, no te tardes!" (Sl 40:17). David entendió lo que era la lucha y el fracaso, y entendió lo que era la gracia.

No solo vivimos en una época en que la autosuficiencia está llena de *glamour*, sino que también hemos perdido el lenguaje del pecado.[12] Escribí sobre el pecado en el capítulo anterior, por eso no me detendré aquí, pero si descuidamos la teología del pecado, a la vez abaratamos nuestra idea de la gracia. La gracia se convierte en lenidad, o simple amabilidad.

A veces los estudiantes me piden que les conceda la gracia de entregar un trabajo una hora más tarde, o un día, o una semana.

---

[12] Barbara B. Taylor, *Speaking of Sin: The Lost Language of Salvation* (Boston: Cowley, 2000), 41. Ver también McMinn, *Why Sin Matters*.

Dependiendo de las circunstancias, puedo decir que sí o que no, pero siempre les digo que eso no es gracia. Simplemente están pidiéndome que sea bueno y compasivo con ellos, que me gusta hacerlo siempre que se sientan responsables, pero toda la bondad del mundo jamás se convertirá en gracia.

La gracia es un regalo para quien no solo no merece nada, sino que además nunca podrá merecerlo o ganarlo. Es una realidad aterradora estar en un lugar donde hace falta la gracia, como quedarse bloqueado por la noche en un país extranjero del que no sabes el idioma, o en una carretera del desierto con un teléfono móvil sin batería y sin agua. Y en este lugar de desesperación, cuando cualquier esperanza de autosuficiencia ha caducado totalmente, empezamos a comprender lo mucho que anhelamos el don de la gracia porque es el don de la vida misma.

Al igual que el apóstol Pablo, cegado por la verdad en el camino a Damasco, tenemos nuestro mundo sacudido por la gracia y nos vemos forzados a mirar más allá de nuestro propio celo y dedicación a lo que sea que consideramos importante. La gracia lo pone todo del revés y nos fuerza a reconocer lo pobres y necesitados que realmente somos.

La paciencia es otra de las aportaciones que el cristianismo hace al estudio de la gracia. La ciencia suele estar limitada por el tiempo, considerando los cambios en unas cuantas semanas o meses. Si se hace una medición de seguimiento, suele hacerse añadiendo unas semanas o meses más. Pero, ¡ay! la gracia es una búsqueda de por vida que requiere una paciencia increíble.

Si John Newton, el autor de *"Amazing Grace"*, hubiera rellenado sus cuestionarios un año o dos después de su conversión en el siglo XVIII en los agitados mares del Atlántico, probablemente habría mostrado ciertos cambios en cuanto a sus ideas sobre la virtud y la fe, pero habría estado rellenando los cuestionarios mientras estaba capitaneando un barco de esclavos. Solemos contar la historia sin muchos matices: que Newton era un traficante de esclavos, que tuvo una experiencia de conversión, que llegó a ser pastor, que escribió *"Amazing Grace"* y luchó por la abolición de la esclavitud. Todo eso es cierto, pero no solemos mencionar que traficó con esclavos durante casi diez años después de su conversión y que dejó de hacerlo solo por un problema de salud. En cierta ocasión escribió en su diario que traficar con esclavos era un medio de vida óptimo para un cristiano porque le daba tiempo para estudiar las Escrituras en los largos viajes a través del Atlántico.[13]

Pero la gracia no dejó de hacer su obra en la conversión de Newton, y tampoco lo hace en los cristianos de hoy en día. La gracia continúa, el don sigue dando de sí, haciendo su trabajo santificador, a veces durante un largo período de tiempo. Por último, Newton estudió teología, comenzó a pastorear y fue profundamente convencido de su pecado. Uno de sus amigos diría más tarde que nunca pasó treinta minutos con Newton en los que no saliera a relucir su remordimiento por haber traficado con esclavos. Y Newton luchó por la abolición, pero solo después de que la gracia le hiciera ver lo mala que era la esclavitud. En su lecho de muerte, se dio cuenta de que su memoria estaba fallando, pero recordaba con claridad dos cosas: que era un gran pecador y que Cristo era un gran salvador. Asombrosa, la gracia lo es. Pero a veces nos lleva años ver lo asombrosa que es.

Los cristianos a veces pensamos en la gracia como algo que ocurre una sola vez que nos dirige hacia el cielo y borra nuestros pecados, y al hacerlo, descuidamos el poder continuo y vivificante de la gracia santificadora. Nos cambia a lo largo de la vida, más que a lo largo de días, semanas o meses.

EL *TELOS* DE LA GRACIA

A lo largo de estos capítulos sobre la virtud, he intentado visualizar cómo se vería cada virtud en una persona en plena actividad. Es todo un reto, porque vivimos en un tiempo en el que no se tiene muy en cuenta el *telos*. Es más probable que nos preguntemos, "¿Por qué tendría que cambiar?", que preguntar: "¿Cómo sería yo si fuera una persona sana y saludable?"

Resulta tentador hablar de la gracia y del *telos* basándonos en la clase de persona generosa y servicial en la que nos convertimos como resultado de la gracia de Dios. Esto es bastante cierto, pero me temo que ir así tan rápidamente hacia esas formas de reflejar la gracia hacia los demás abarata el diálogo sobre la gracia. La recepción de la gracia de Dios está en el centro de la salud.

---

[13] Ver McMinn, *Why Sin Matters*, para un relato más detallado.

El teólogo John Barclay muestra la plenitud de la gracia en seis dimensiones. Primeramente, es *superabundante*, suprema y generosa en cuanto a su alcance.[14] Las metáforas no logran captar lo inmenso que en realidad es el don de la gracia, pero cuanto más nos acercamos a comprender su magnitud, más están nuestros instantes llenos de gratitud y esperanza, de perdón, sabiduría y humildad. La segunda dimensión es la *simplicidad* del don. La intención de Dios no es retorcida, y no hay un beneficio oculto en ella. El don de Dios se ofrece por pura y simple generosidad. En tercer lugar, la *prioridad* temporal es esencial. El don se nos da antes de que exista iniciativa alguna de nuestra parte. Ni ganamos ni merecemos la gracia. La gracia viene primero. La cuarta dimensión es lo *incomprensible* del don. La magnitud de la gracia no tiene sentido en una mentalidad económica que equipara el valor de un regalo con el valor del receptor. En quinto lugar, y fundamental para el concepto del *telos*, es la *eficacia* del don. La gracia nos cambia, penetrando profundamente en nuestro carácter. Sexto, la gracia *no es recíproca*. No es que yo te doy un regalo porque tú siempre me das otro cada Navidad, y tú me lo das porque yo siempre te lo doy a ti. No, la gracia no es recíproca y se otorga unilateralmente por Dios a la humanidad.

Debido a la eficacia del don somos cambiados por la gracia. Manifestamos el don, aunque sea débilmente, en nuestra manera de actuar con los demás. La ciencia nunca nos ayudará a descubrir el carácter de Dios, quien nos ofrece un regalo tan asombroso, pero puede ayudarnos a descubrir al menos algo de su eficacia. ¿En qué forma somos cambiados por la gracia y qué implica eso para la convivencia entre nosotros?

LA PSICOLOGÍA Y LA GRACIA, JUNTAS

Dos de los proyectos financiados por la subvención de la Fundación Templeton de los que he hablado a lo largo de este libro estudian la gracia y sus implicaciones en el funcionamiento humano. Los proyectos han compartido metodologías similares, pero los resultados han sido bastante distintos.

---

[14] Barclay, *Paul and the Gift*.

Jeff Moody, estudiante de doctorado que trabaja bajo la supervisión de Rodger Bufford, observó los efectos de una campaña de gracia en dos congregaciones de tamaño medio.[15] Específicamente Jeff se preguntaba si el matrimonio puede proporcionar un contexto ideal para practicar la gracia entre los cónyuges, mejorando así la relación matrimonial. Al igual que en todos los proyectos financiados por esta subvención, los pastores de las respectivas iglesias participaron activamente en el proceso. Trabajaron con Jeff para definir una estrategia para una campaña sobre la gracia en cada congregación. La campaña incluía una serie de sermones durante seis semanas, reuniones en grupos pequeños para discutir el libro de James Bryan Smith, *The Good and Beautiful God* (El Dios bueno y hermoso), y diversas prácticas de gracia que se enviaban a los creyentes cada semana por correo electrónico y en papel.[16] Se animaba a los matrimonios a hacer juntos las prácticas. Unos treinta creyentes de cada congregación rellenaron una serie de cuestionarios, y después la Congregación 1 comenzó la campaña de gracia. Después de seis semanas, las mismas treinta personas de ambas congregaciones volvieron a completar los cuestionarios, luego la Congregación 1 volvió a la ministración habitual, mientras que la Congregación 2 comenzaba su campaña sobre la gracia. Al final de la campaña de la Congregación 2, las mismas personas volvieron a rellenar los cuestionarios. Jeff esperaba que la satisfacción conyugal aumentara en la Congregación 1 durante el primer período y que aumentara en la Congregación 2 durante el segundo período.

Como ocurre mucho con las ciencias, Jeff no encontró lo que esperaba, pero sí otra cosa. Los participantes casados no respondieron de manera diferente a los solteros. Sin embargo, los cambios en la *Escala dimensional de la gracia* (ver cuadro 6.1) correspondían a las campañas acerca de la gracia. Como se esperaba, la gracia aumentó en la Congregación 1, pero no en la Congregación 2, durante la primera fase del estudio. A primera vista, esto puede parecer algo obvio: una campaña sobre la gracia aumenta la toma de conciencia de la gente sobre la gracia. Pero también refuerza

---

[15] Jeff A. Moody, "The Effects of a Grace Intervention on a Christian Congregation: A Study of Positive Psychology in the Church" (tesis doctoral, George Fox University, December 16, 2015).

[16] James B. Smith, *The Good and Beautiful God: Falling in Love with the God Jesus Knows* (Downers Grove, IL: InterVarsity, 2009).

de modo importante una nueva herramienta de medición utilizada para evaluar la experiencia de la gracia en las personas.

El segundo estudio lo realizó Laura Geczy-Haskins bajo mi supervisión.[17] Laura usó un plan similar al de Jeff, pero con dos congregaciones más pequeñas y con campañas sobre la gracia de nueve semanas en lugar de campañas de seis semanas. Ella estaba particularmente interesada en el perdón de uno mismo. ¿Puede el hincapié de la ministración sobre la gracia afectar a la capacidad y la voluntad de las personas para perdonarse a sí mismos por los errores del pasado?

La medición del perdón de uno mismo puede ser engañosa, porque puede confundirse fácilmente con la autoexcusa. Por ejemplo, imagínate que hago o digo algo que hace daño, o incluso que demuestra odio hacia mi esposa. Puedo enfrentarme a la discordancia que tal cosa me produce convenciéndome a mí mismo de que ella se lo merece o que quizá no es para tanto. Si es así, en realidad, simplemente estoy buscando una excusa y no perdonándome. Perdonarme a mí mismo de verdad implica reconocer el daño que he causado, sentir la responsabilidad y el remordimiento por ello, y luego tomar la decisión de perdonarme y seguir adelante con mi vida. Laura y yo creamos este cuadro para ayudar a distinguir el verdadero perdón de uno mismo del falso.

		Liberación del auto-reproche	
		Baja	Alta
Responsabilidad por el daño	Baja	Inconsciencia	Falso Perdón De Sí Mismo
	Alta	Auto-condenación	Perdón de Sí Mismo Genuino

---

[17] Laura A. Geczy-Haskins, "The Effects of Grace on Self-Forgiveness within a Religious Community" (tesis doctoral, George Fox University, October 3, 2016).

Con el fin de medir el verdadero perdón de uno mismo, Laura evaluó tanto el grado de responsabilidad que las personas confesaban haber tenido en alguna falta pasada como el nivel de perdón de sí mismos. Utilizó varias escalas diferentes de perdón de uno mismo, incluidas las que lo miden como estado y las que lo miden como un rasgo de la personalidad. Como analizamos en capítulos anteriores, las medidas del estado analizan una instancia específica y las medidas del rasgo analizan tendencias generales. El perdón de uno mismo como rasgo también se ha llamado autoperdón.

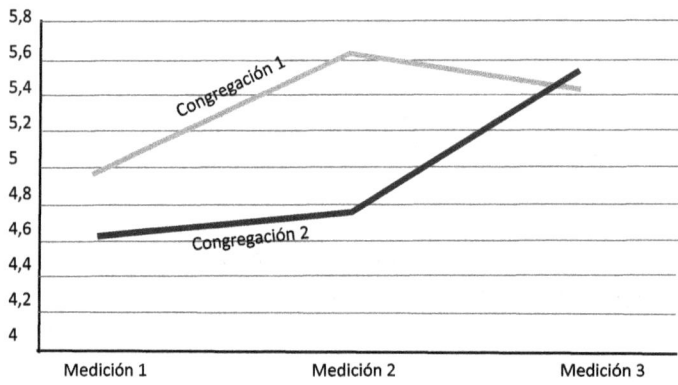

El nivel del perdón de uno mismo como rasgo de la personalidad se midió con los elementos de perdón en la *Escala de Perdón de Heartland*. Observe que el autoperdón como rasgo creció en la Congregación 1 a lo largo de su campaña sobre la gracia, y después en la Congregación 2 cuando empezaron la misma campaña. Ver Laura Yamhure Thompson y otros, "Dispositional Forgiveness of Self, Others, and Situations," Journal of Personality 73 (2005): 313-60.

Figura 6.1 El perdón de uno mismo como rasgo

Las conclusiones acerca del perdón como rasgo de la personalidad fueron las que esperaba Laura (ver figura 6.1). La Congregación 1 aumentó su nivel de perdón como rasgo durante su campaña de gracia y luego se estancó cuando regresó a la ministración habitual. La Congregación 2 aumentó su nivel de perdón como rasgo durante su campaña sobre la gracia. Sus conclusiones sobre los niveles del perdón hacia sí mismos como estado no fueron tan convincentes, en parte porque cometimos el error de hacer que los participantes se imaginaran una ofensa específica cada vez que rellenaban los cuestionarios sin asegurarnos antes de que siempre pensaran en la misma ofensa. Aun así, incluso con este descuido metodológico, en ambas congregaciones observamos un incremento general del perdón de uno mismo a nivel de estado a lo largo del tiempo, aunque no estuvo vinculado al calendario específico de las campañas sobre la gracia, como lo fue en el caso del perdón de uno mismo como rasgo. No se observaron cambios en la medida que utilizamos sobre la responsabilidad por la ofensa, por lo que podemos estar relativamente seguros de que los incrementos en el perdón de uno mismo y perdonarse realmente no fueron solo un recurso de autoexcusa.

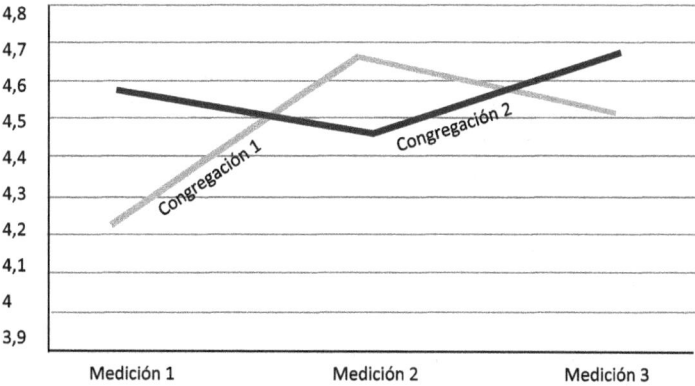

La religiosidad intrínseca ha sido medida con el *Ímndice de Duke Religion*. La religiosidad intrínseca se incrementó en la Congregación 1 durante su campaña sobre la gracia, y no en la Congregación 2. La religiosidad intrínseca subió en Congregation 2 durante su campaña sobre la gracia. Los resultados se complican por las diferencias entre las congregaciones antes de que el estudio comenzara. Ver Harold Koenig y Arndt Büssing, "The Duke University Religion Index (DUREL): A Five-Item Measure for Use in Epidemiological Studies," Religions 1 (2010): 78–85.

Figura 6.2 Religiosidad intrínseca

Aunque no fue un descubrimiento hipotético, es interesante que Laura también encontrara un cambio en la religiosidad intrínseca asociada con las campañas sobre la gracia (ver figura 6.2). La religiosidad intrínseca está marcada por el compromiso personal con el credo de una religión y también por los esfuerzos por vivir de manera coherente con ese credo. Las campañas sobre la gracia coincidieron con incrementos en la religiosidad intrínseca en cada una de las congregaciones, aunque los resultados se complicaron por el hecho de que hubiera diferencias en la religiosidad intrínseca de las dos congregaciones antes de que comenzara el estudio. Aun así, parece probable que la gracia haga que nuestros comportamientos sean más coherentes con nuestras convicciones. Siendo que la gracia atrae cada vez más a la investigación científica, merece la pena estudiar mejor la relación existente entre la gracia y la fidelidad a las creencias y valores religiosos.

REDIMIR LA GRACIA

Aprender de la psicología positiva

En este momento, la psicología positiva no tiene mucho que ofrecer al estudio de la gracia, aunque puede que lo haga pronto. Tenemos algunas maneras preliminares de medir la experiencia de la gracia en las personas, y alguna evidencia inicial que pone de manifiesto que la gracia mejora la salud individual mental y relacional. También parece claro que interesarse por la gracia promueve el perdón de uno mismo, por lo que podemos suponer que también sea probable que aumente el perdón interpersonal. Además, en la comunidad científica tenemos muchas preguntas científicas interesantes que podemos plantear y una curiosidad creciente sobre la gracia. La mejor psicología sobre la gracia está aún por llegar.

¿Qué puede aportar el pensamiento cristiano a la gracia?

En contraste con las aportaciones limitadas que la ciencia puede ofrecer al estudio de la gracia, el pensamiento cristiano está repleto de recursos sobre la gracia. De hecho, es difícil imaginar una psicología de la gracia sin el fundamento del pensamiento cristiano. Aquí solo nombro cuatro aportes del pensamiento cristiano, pero se podrían mencionar muchas más. Cada uno de los cuatro que he seleccionado tiene implicaciones para el diálogo entre la ciencia y la fe.

Primeramente, la doctrina cristiana de la gracia es fundamental para entender a la persona. La gracia determina cómo entendemos lo que va mal en las personas y lo que va bien. Por medio de la gracia encontramos el valor dado por Dios para admitir nuestra finitud y nuestro pecado, y mediante la gracia, somos redimidos y santificados, llamados a una vida nueva y abundante. A medida que la psicología siga avanzando será interesante ver cómo el desarrollo de una visión cristiana de la persona, incluidas las creencias sobre el pecado y la gracia, juega su papel con respecto a la salud psicológica. Hace algunos años, Lisa y yo nos embarcamos en un ambicioso proyecto de desarrollo de escalas para medir las convicciones de las personas sobre el pecado y la gracia. Recogimos datos de varios cientos de personas, pero nunca publicamos nuestras conclusiones. Lo que recuerdo de nuestros esfuerzos incipientes para medir estos enormes conceptos teológicos es que creer que uno mismo es pecador no predispone en absoluto a estar deprimido o psicológicamente preocupado. Esta conclusión sorprenderá probablemente a algunos científicos sociales no creyentes que ven la antropología cristiana como una forma opresiva de percibirse a sí mismo.

Segundo, la gracia transforma el modo de dar sentido y vida a nuestras convicciones, lo que constituye un área natural para la investigación científica. Aunque la ciencia nunca puede investigar la esencia o el significado de la gracia en sí misma, ciertamente puede considerar sus implicaciones vitales en quien experimenta la gracia.[18] Se puede esperar que quienes viven la gracia con más profundidad manifiesten ciertos beneficios medibles con respecto a la ansiedad ante la muerte, la felicidad, el perdón, la gratitud, la esperanza, etc.

Tercero, entender la gracia exige sumergirse en una vida de perdón. Solo puedo entender una visión cristiana de la gracia si creo que necesito y puedo recibir el perdón de Dios. A medida que la magnitud del don de Dios comienza a filtrarse por los bordes de mi actitud defensiva, lo natural es que en respuesta también conceda el perdón a los demás. Ya hemos discutido, en el capítulo 2, el impresionante conjunto de investigación que pone de manifiesto los beneficios de perdonarse unos a otros. Espero que la psicología de la gracia estudie las complejas relaciones existentes entre la forma en que uno experimenta la gracia, hasta dónde uno perdona a los demás y percibe el perdón de Dios, y los beneficios físicos, emocionales, espirituales y relacionales implicados.

---

[18] Ver Tjeltveit, "Understanding Human Beings in the Light of Grace", para más información sobre esto.

En cuarto lugar, la gracia nos libera del personalismo y nos permite vivir el amor a Dios y al prójimo. La visión cristiana de la gracia elimina cualquier idea de mérito propio, o de creerse lo suficientemente bueno como para atraer el favor y el amor de Dios. En este punto, yo también debería permitirme una libertad profunda y verdadera, no esa libertad que reclama el derecho de hacer cualquier cosa que uno pueda desear, sino la libertad que me libera de la prisión del egocentrismo y me permite ver el mundo que me rodea. En el capítulo de la humildad (capítulo 4), traté la idea de Anthony Hoekema de que haber sido hechos a imagen de Dios significa reclamar estar conectados con Dios, con los demás y con la naturaleza, además de mantener una relación armoniosa con uno mismo.[19] El esquema de Hoekema es la perfecta imagen de la libertad. La gracia significa que puedo mirar hacia afuera para ver la sonrisa de un amigo, la majestuosidad de una envolvente ola oceánica, la bondad de Dios revelada en el rocío de la mañana y el verde de la primavera, la sencilla belleza de una buena comida y la profunda paz encontrada en el culto congregacional.

Claro que podríamos aportar muchos más recursos del pensamiento cristiano a la psicología positiva de la gracia. El fin de estos cuatro es iniciar el diálogo, en lugar de una lista exhaustiva de cómo el cristianismo puede añadir algo a la psicología de la gracia.

La psicología de la gracia puede beneficiar a la iglesia

Nosotros, cristianos, hemos de tomar una decisión. Podemos aferrarnos a conceptos como el perdón, la gratitud, la esperanza y la gracia, y amenazar a los científicos y declarar que estos conceptos siempre han sido nuestros y que los científicos no tienen derecho a arrebatárnoslos. En cierto sentido, esta podría ser una respuesta razonable. Después de todo, la psicología ha tomado estas ideas religiosas, ha construido estrategias de medición para cuantificarlas y después las ha trasladado al mundo secular como si no necesitaran soportes religiosos o filosóficos.

---

[19] Anthony A. Hoekema, *Created in God's Image* (Grand Rapids: Eerdmans, 1994).

Aun así, hay otra opción. En lugar de aferrarnos con resentimiento a estas virtudes religiosas, podemos celebrar la atención que reciben fuera de los muros de nuestras iglesias. El diálogo sobre el perdón es ahora sobresaliente en los libros y revistas populares, así como en consejería y en los medios de atención médica. También lo son temas como la gratitud y la esperanza, y puede que algún día la gracia también lo sea. Y si bien es cierto que estos conceptos pueden ser ligeramente anémicos cuando se toman fuera del contexto cristiano, podemos estar contentos de que estén por todas partes, e incluso verlos como una invitación a quienes nunca van a la iglesia para que vengan y que puedan así estudiarlos mejor.

Nosotros decidimos. Podemos ver a la ciencia como la competencia e incluso enfadarnos por quitarnos nuestras apreciadas virtudes, o podemos colaborar y encontrar modos de ayudar a mejorar la psicología. Y, de camino, quizás la psicología de la virtud ayude a que la iglesia sea mejor al incorporar las virtudes que más nos interesan al diálogo generalizado.

La gracia en la consejería cristiana

Como dije al principio de este capítulo, veo la consejería como un ejercicio de la gracia, por muy débilmente que podamos reflejar la inmensa gracia de Dios hacia nosotros. Considera dos maneras en las que esto puede ocurrir en la labor práctica y cotidiana de los consejeros.

En primer lugar, la mayoría de los consejeros atiende pacientes que no les caen bien o con los que no simpatizan de forma natural. Recuerdo haber atendido a un hombre con problemas de ira porque su jefe le exigió acudir a terapia o ser despedido. Era un gran vendedor, pero una persona de trato difícil. Gritaba a sus compañeros de trabajo en el pasillo y hacía que el lugar de trabajo fuera tóxico para mucha gente. Honestamente, en mí causó una sensación parecida. Temía que llegara la consulta semanal, y a trabajar juntos, al menos durante las primeras seis semanas. Pero luego recordé que cuando tengo un paciente desagradable, a menudo se trata de una falta de empatía por mi parte, así que redoblé mis esfuerzos por escuchar sus historias, por encender la gracia en mi propia alma en vez de ponerme a la defensiva y enfadarme. Cuando me trataba mal yo aprendía aún más sobre la amabilidad y, para mi sorpresa, sus débiles defensas de enfado comenzaron a quebrarse. Con el tiempo, comenzó a abrirse y a contarme sus historias del pasado por las que se sentía vulnerable, como cuando, siendo un niño asustado, fue expulsado del remolque de su familia durante una fría mañana de invierno en Indiana porque había mojado su cama. Allí se sentó, temblando con su ropa interior mojada, determinando que nunca más perdería el control de nada en su vida. También tenía otras historias, pero esta es la que tengo más clara y la que me permitió entender su comportamiento con sus compañeros de trabajo y conmigo. Mi paciente aprendió pronto que, o tenía todo bajo control, o estaba perdido. Ante esas dos posibilidades no es de extrañar que eligiera estar al control, siempre.

La gracia se apoya en la bondad misericordiosa, incluso cuando una persona parece ser molesta e indigna. Para el consejero cristiano se trata de un compromiso teológico además de una estrategia de consejería, porque cada uno de nosotros ha recibido la inmensa gracia de Dios, aunque no podemos ni ganarla ni merecerla.

> Cristo, cuando aún éramos débiles, a su tiempo murió por los impíos. Ciertamente, apenas morirá alguno por un justo; con todo, pudiera ser que alguien tuviera el valor de morir por el bueno. Pero Dios muestra su amor para con nosotros, en que siendo aún pecadores, Cristo murió por nosotros. Con mucha más razón, habiendo sido ya justificados en su sangre, por él seremos salvos de la ira, porque, si siendo enemigos, fuimos reconciliados con Dios por la muerte de su Hijo, mucho más, estando reconciliados, seremos salvos por su vida. Y no solo esto, sino que también nos gloriamos en Dios por el Señor nuestro Jesucristo, por quien hemos recibido ahora la reconciliación (Ro 5:6–11).

Desde el centro de la gracia divina, damos algo parecido a la gracia a quienes necesitan a alguien que los escuche y los atienda. La gracia crea un espacio seguro donde poder enfrentarnos al dolor, al abuso y al fracaso, un espacio donde todo consejero eficaz oye una y otra vez esas palabras típicas: "Nunca antes le he contado esto a nadie".

En segundo lugar, la gracia persevera. A veces, los cristianos tenemos la idea de que la gracia nos redime una vez, quizás cuando estamos sentados alrededor de una hoguera en un campamento de verano, y luego crecemos por nuestra cuenta hasta convertirnos en una persona madura y virtuosa que ama a Dios y al prójimo. Si pensamos así, abaratamos la gracia, porque la gracia es una fuerza permanente, santificadora y omnipresente que nos moldea cada vez más a la imagen de Jesús mucho después de apagarse las brasas de la hoguera. La gracia nos llama a ir más lejos, más alto, a los lugares donde nuestras pasiones están sujetas y el amor fluye de manera natural de nuestro carácter, transformado durante años de larga obediencia. Y eso tiene que ver con la consejería cristiana.

Por un lado, nos recuerda como consejeros cristianos que, incluso mientras caminamos con nuestros pacientes, también recorremos nuestro propio camino. Dios está obrando en nosotros y a través de nosotros, llamándonos en la gracia a mantenernos sensibles y compasivos en medio de la presión de nuestro trabajo, a vivir en la virtud de Jesús. Además, nos recuerda que Dios obra en nuestros pacientes. El cambio que vemos a lo largo de diez o veinte semanas de consejería es importante, pero no total, y no depende de nosotros. La gracia de Dios permanece mucho después de que las personas abandonen nuestros gabinetes y regresen a sus vidas cotidianas. Puede que tengan que volver a luchar contra la depresión, las relaciones difíciles, la ansiedad y la adicción, o puede que no lo hagan, pero por más misterioso e incomprensible que parezca, la gracia de Dios permanece en medio de todo eso. Quizás una de las cosas más importantes que podemos hacer como consejeros es ver la gracia en todas partes e invitar a nuestros pacientes a hacer lo mismo.

* * * * *

Mi nieta mayor nació en 2010, tras un parto difícil de mi hija. Mientras Lisa estaba lejos, con Megan Anna y Luke en el hospital, yo paseaba con ansiedad por nuestra pequeña granja, a unos cuarenta kilómetros de distancia, pensando en cómo sería la vida de abuelo. Cuando Grace Auden por fin nació y se le puso nombre, recuperé con alegría la letra de un antiguo himno y durante su primer año de vida le canté muchas veces estas palabras:

Gracia, Gracia, la Gracia de Dios
Gracia que hace florecer y Gracia que libera.
Gracia, Gracia, la Gracia de Dios
Gracia tan preciosa, que me es tan querida.

Sostener a la pequeña Grace Auden en una mecedora, cantándole estas palabras a una nieta que no podía hacer nada para merecer mi amor, ni nunca podría hacer nada para perderlo, es lo más cerca a lo que puedo llegar para entender la gracia de Dios hacia mí y hacia toda la creación. Es la Gran Recepción, el regalo, el inicio de la virtud cristiana.

CONCLUSIÓN
TRABAJEMOS JUNTOS

Emocionado por comenzar el capítulo final de este libro, coloqué mi ordenador portátil en mi mochila y me fui andando a uno de mis lugares favoritos para almorzar, casi el único lugar en mi pueblo que todavía tiene una barra de ensaladas. Después de pedir mi mini pizza y preparar mi ensalada de espinacas, repleta de todo tipo de verduras saludables y un poco de aliño no tan saludable, me senté en la mesa, abrí mi ordenador portátil y, sin pensarlo, alcancé el salero para condimentar mi ensalada.

Debe ser la broma más antigua del libro de las bromas, pero nunca me había sucedido en mis cincuenta y ocho años de vida. En vez de salir unos pocos granitos, todo el contenido del salero cayó en mi ensalada, una montañita de color blanco encima de las hojas de espinaca. Me imaginé a un cliente anterior riéndose a carcajadas viendo al viejo profesor sacando sal de su ensalada de espinacas. Después de bastantes bocados, cada uno con más cantidad de sodio que la diaria recomendada, decidí que la ensalada no era comestible y me acerqué tímidamente al mostrador para comenzar de nuevo. El empleado supo cómo hacer y me ofreció un cuenco limpio a la vez que se disculpaba.

Y así me senté, pensando en el capítulo final de un libro sobre la virtud, mientras me rodeaba la confusión de lo que llamamos vida moderna. Alguien afloja la tapa de un salero, no por maldad o por rencor, sino para hacerse el gracioso. Termina con un costo para el restaurante y el cliente, pero bueno, tiene gracia. Otro trata de comerse una ensalada muy salada, no queriendo incomodar el restaurante, pero al final decide que no puede soportar las capas de sal que recubren cada verdura y cada hoja de espinaca, y por eso decide pedir si por favor le dan otra ensalada. Un tercero escucha otra queja de un cliente y responde con amabilidad. Aquí, en la pizzería, vemos la espiral de la virtud y del egocentrismo que conforma la vida cotidiana.

Distraído por la ensalada salada, en vez de escribir me vi leyendo un artículo sobre los *big data*. El artículo trata sobre un libro escrito por un matemático, doctorado por Harvard, que estudia cómo se utilizan las "armas de destrucción matemática"[1] para discriminar a los ciudadanos desfavorecidos en lo que respecta al empleo, sentencias de prisión e intereses de las hipotecas. Se espera que las personas que viven en ciertos barrios, con frecuencia aquellos que tienen altas proporciones de personas de color, paguen intereses hipotecarios más altos o reciban sentencias de privación de libertad o de cárcel más largas debido a los algoritmos utilizados para determinar el riesgo. Cada párrafo me hacía sentir más preocupado y horrorizado.

Este es el mundo al que vino Jesús, caminando en medio de todos nuestros motivos e intenciones confusas, viendo a la vez nuestro egocentrismo y nuestra decencia, encarnando la verdad y la gracia, y enseñándonos cómo vivir. Y luego, Jesús le encargó a la iglesia que continuara, para seguir demostrando cómo es una vida abundante en nuestro mundo roto, donde los saleros impredecibles se cuentan entre las menores de nuestras preocupaciones.

La iglesia puede ser un bastión de la virtud, y en muchos aspectos debería serlo, pero también puede adentrarse en el mundo desordenado, como lo hizo Jesús. La invitación que hago aquí, que la iglesia se comprometa con la ciencia, es una invitación para que la iglesia haga el difícil trabajo de mezclarse con la cultura actual. Somos, dice Jesús, la sal de la tierra.

---

[1] En inglés, "weapons of math destruction", jugando con la expresión "weapons of mass destruction", armas de destrucción masiva, tan propia del lenguaje bélico actual. N.T.

VER LAS POSIBILIDADES

A veces, la iglesia y la psicología se han hecho la competencia, pero ahora hay oportunidades interesantes para la colaboración. Como he sugerido a lo largo de este libro, es algo bidireccional.

Primero, la iglesia puede ayudar a la ciencia de la psicología positiva. En muchos sentidos, ya la ha ayudado proporcionando muchos de los principales académicos de la psicología positiva. Es sorprendente la cantidad de científicos líderes en el movimiento de la psicología positiva que también son seguidores comprometidos de Jesús. La iglesia también puede contribuir proporcionando una metafísica a la psicología positiva. ¿Por qué vale la pena la gratitud? ¿Por qué perdonar hace bien? ¿De qué manera puede la humildad promover una mejor forma de vida que el propio interés? Se trata de asuntos considerados por los cristianos durante muchos siglos, lo que significa que la iglesia tiene algo importante que decirle a la ciencia de la psicología positiva.

Sola, la psicología positiva tiende de nuevo a asentarse en el terreno del interés propio. Perdono porque me hace bien. Practico la gratitud porque me baja la presión arterial. Persigo la esperanza porque aumenta mi calidad de vida. Yo, yo, yo. Es el *Big Me*.[2] Muchos científicos no se dan cuenta de cómo, paradójicamente, la psicología de la virtud puede desviarse y llegar a ser muy egocéntrica. Y en esto, la iglesia puede dar un empujoncito hacia el amor de Dios y al prójimo del que hemos hablado a lo largo de este libro.

Pero también en el corazón de este libro está el supuesto de que la psicología positiva puede ayudar a la iglesia. A medida que la sociedad confía cada vez más en la ciencia y va perdiendo su visión de la religión, la psicología positiva puede contribuir a las comunidades eclesiales, abriendo un espacio para un diálogo significativo en el que la ciencia y la fe se realcen y agudicen mutuamente.

He mencionado a la Fundación Templeton a lo largo de este libro, incluidas las referencias de agradecimiento por la beca que concedieron para los estudios de los que hemos hablado en varios capítulos. En el corazón del departamento de Ciencias Humanas de la Fundación Templeton, y una de las pasiones de Sir John

---

[2] David Brooks, *The Road to Character* (New York: Random House, 2015).

Templeton a lo largo de su vida adulta, está la idea de una teología humilde. A veces actuamos como si la fe proporcionara todas las respuestas de la vida y que no hiciera falta hacer más preguntas o investigaciones. Esa no es ni buena teología ni una buena manera de pensar. La fe requiere ser interpretada, y las lentes a través de las cuales interpretamos la fe siempre están influenciadas por factores personales y culturales. La buena teología, a veces llamada la reina de las ciencias, se basa en la premisa de que extraer las profundidades de la fe es un continuo proceso dinámico. No tenemos todas las respuestas últimas, pero en cambio, tenemos un Dios que desea ser conocido y que nos invita a penetrar los misterios y significados de la vida. Esta es una postura humilde, que nos llama a ser curiosos y a trabajar duro, en lugar de simplemente decirle al mundo que lo tenemos todo resuelto.

Los creyentes podemos oponernos a la ciencia, y ponernos a la defensiva buscando todo aquello en lo que contradice o desafía nuestra fe, o podemos darle la bienvenida como una forma de crecer en humildad. Cuando la ciencia nos lleva a cuestionar nuestras doctrinas y presuposiciones es una invitación a aventurarnos a trabajar más arduamente para comprender las aparentes incoherencias y contradicciones.

Afortunadamente, a veces la ciencia y la fe van en la misma dirección, como parece estar sucediendo ahora con el estudio de la virtud, lo que abre nuevas posibilidades de colaboración.

¿QUÉ ES VIVIR BIEN?

La psicología positiva, la iglesia y los consejeros cristianos pueden asociarse para ayudar a las personas a redefinir lo que es vivir bien, pero primero, debemos tenerlo claro nosotros mismos.

El mensaje que con frecuencia escuchamos en la sociedad actual es el siguiente: si no eres feliz cambia de vida para volver a encontrar la felicidad. Consigue un nuevo trabajo, sal de ese matrimonio infeliz, prueba el último medicamento que se anuncia en la televisión en hora punta, acude a terapia, haz cualquier cosa para encontrar de nuevo la felicidad. Esto es lo que el escritor Russ Harris llama *La trampa de la felicidad*.[3] Podemos perseguir un tipo

---

[3] Russ Harris, *The Happiness Trap* (Boston: Trumpeter, 2011).

de felicidad que implique placer, gratificación y alegría inmediata, pero en el proceso a menudo terminamos como un ratón enjaulado corriendo alrededor de esa rueda, persiguiendo siempre algo que es fugaz. La alternativa es encarar nuestras vivencias presentes, incluso las desagradables, y buscar una vida llena de propósito y significado. Podemos perseguir el sentirnos bien, lo que probablemente no funcionará, o podemos perseguir el vivir bien.

Me pregunto si a veces sucumbimos a la misma trampa en el cristianismo estadounidense. Llevamos nuestros problemas a Dios, asumiendo con demasiada frecuencia que el principal deseo de Dios es eliminar nuestro sufrimiento y hacernos felices. Pero, ¿qué pasa si Dios tiene en mente una felicidad diferente para nosotros, que nos llame a vivir fundamentados en la virtud? El apóstol Pablo, que estaba familiarizado con el sufrimiento, escribió sobre esto en su carta a los cristianos dispersos por toda Roma: "también nos gloriamos en las tribulaciones, sabiendo que la tribulación produce paciencia; y la paciencia, prueba; y la prueba, esperanza; y la esperanza no nos defrauda, porque el amor de Dios ha sido derramado en nuestros corazones por el Espíritu Santo que nos fue dado" (Ro 5:3-5). Si gastamos nuestros esfuerzos para evitar el dolor, nos alcanzará de todas formas, pero si aceptamos el dolor, tenemos la opción de no dejar que nos gobierne. Incluso en medio del sufrimiento, vemos a Dios obrando poderosamente y guiándonos hacia una vida de esperanza, fe y amor: las virtudes cristianas.

La psicología positiva y la iglesia pueden asociarse en la promoción de una nueva manera de entender lo que es vivir bien en la sociedad actual, más centrada en la virtud que en el placer, más en estar bien que en sentirse bien. ¿Qué tal para una agenda ambiciosa?

UNA NUEVA FRONTERA PARA LA CONSEJERÍA CRISTIANA

La mayoría de los casos de consejería cristiana citados a lo largo de este libro se deben a que me gusta una forma de terapia relativamente nueva llamada en inglés Acceptance and Commitment Therapy (Terapia de aceptación y compromiso), ACT, pronunciada como una sola palabra. Otros se han interesado también en estudiar ACT desde una perspectiva cristiana.[4] La esencia de ACT consiste en aceptar los desafíos de la vida en lugar de evitarlos y luego comprometerse con los valores principales de la vida. Yo voy un paso más allá y digo que las virtudes pueden influenciar nuestros valores rectores.

En consejería, hablar de valores es importante, recordándonos a nosotros y a nuestros pacientes lo que es importante en la vida y cómo vivir de manera coherente con nuestros valores. La virtud va más allá de los valores y nos empuja a llegar a ser aquel en quien nos estamos convirtiendo. El filósofo Alasdair MacIntyre argumenta que tanto la filosofía de la Ilustración como la Reforma Protestante han hecho difícil poder imaginar un camino entre quién es una persona y quién esa persona llegará a ser.[5] Por ejemplo, puedo considerar un valor el amar a mi esposa, y esto es algo bueno, pero en la sociedad actual es poco probable que se considere la virtud que subyace en ello: que el matrimonio me moldea y me ayuda a acercarme más a entender y vivir la plenitud del amor. Como resultado, la virtud se reduce a una mera comprensión de quienes somos actualmente. En otras palabras, hemos llegado a equiparar la virtud con los valores. Si debemos amar, perdonar o estar agradecidos, no es tanto por materializar una dimensión esencial de la humanidad plena, sino porque es un valor definido por uno mismo para llegar a ser lo más sanos y libres posible.

Una comprensión plena de la virtud nos lleva a la teleología, a la santificación, a entender que vamos camino de convertirnos más plenamente en las personas para lo que fuimos creadas. Piensa en lo que sería en consejería poder ir más allá del sufrimiento que padecen nuestros pacientes e incluso más allá de ayudarles a vivir en los valores que tienen en la vida, y hacer que pudieran imaginar las posibilidades de en quién se están convirtiendo. En

---

[4] Joshua J. Knabb, *Faith-Based ACT for Christian Clients: An Integrative Treatment Approach* (New York: Routledge, 2016); Jason A. Nieuwsma, Robyn D. Walser, y Steven C. Hayes, eds., *ACT for Clergy and Pastoral Counselors: Using Acceptance and Commitment Therapy to Bridge Psychological and Spiritual Care* (Oakland, CA: Context Press; New Harbinger Publications, 2016); Timothy A. Sisemore, "Acceptance and Commitment Therapy: A Christian Translation," *Christian Psychology* 8, n°. 2 (2014): 5–15.

[5] Alasdair MacIntyre, *After Virtue*, 3ª ed. (Notre Dame, IN: University of Notre Dame Press, 2007).

un contexto de consejería cristiana, estas virtudes sin duda serían moldeadas por la iglesia e incluirían los temas discutidos en este libro: perdón, esperanza, gratitud, sabiduría, humildad y gracia. Comprender la psicología asociada con cada uno de estos temas podría, a su vez, ayudar a los consejeros a considerar los mecanismos de cambio en la vida de sus aconsejados.

DUELO POR UN MUNDO CUANTIFICADO

Antes de terminar este libro, debo mencionar una preocupación que me inquieta. He sentido esta preocupación al escribir cada capítulo ya que sospecho que muchos lectores también la tendrán. Y lo sentí en la pizzería leyendo sobre las "armas de destrucción matemática".

Nuestro mundo se ha vuelto altamente cuantificado, y seguramente cuantificado en exceso. Si hoy compro entradas de cine por Internet, mañana recibiré un correo electrónico pidiéndome que califique la película que he visto para que una calificación más pueda añadirse a la base de datos relacional de alguien junto a mis características demográficas y otras opciones de películas. Esto, a su vez, dicta qué anuncios emergentes llegarán a tu buscador web, al menos si compartes alguno de mis datos demográficos. Cada clic del ratón es un voto, cada compra en una tienda de comestibles, cada dólar que se da a la caridad. Y ahora, incluso las virtudes de las que hablamos en la iglesia se estudian en la torre de marfil, se cuantifican con las mediciones de los formularios que rellenamos y se publican en revistas científicas vinculadas a servicios que cuentan el número de citas asociadas con cada artículo, para que los autores puedan ser promocionados y pagados.

Aunque amo la ciencia, y en las ciencias casi todo se cuantifica, también me inquieta la aparente suposición de que las preguntas y los dilemas más importantes de la vida puedan ser codificados numéricamente, analizados con algoritmos de probabilidad y almacenados en bases de datos. Me recuerda las palabras de un sabio colega psicólogo, Alan Tjeltveit:

> Sin embargo, insistir en medir de manera fiable todas las variables antes de desarrollar una idea de los seres humanos requeriría

la exclusión de la psicología de algunas "variables" que los cristianos consideran esenciales para entender a los seres humanos. Creemos que Dios existe y obra activamente en las vidas humanas, a través de los sacramentos, cuando se predica la Palabra y de otras maneras. La gracia es una realidad en el corazón de la vida de los cristianos. Sin embargo, ni Dios ni la gracia pueden ser cuantificados y manipulados completamente (y quizás ni siquiera parcialmente). Por eso, los extraordinariamente productivos e importantes métodos de los científicos no alcanzan a abordar algunas de las dimensiones psicológicas de la vida humana; esos métodos por sí solos no pueden producir un entendimiento integral de los seres humanos.[6]

Si has leído este libro con cierto pesimismo respecto de la psicología, no puedo tranquilizarte del todo. La psicología no puede sondear la profundidad de la piedad o explorar todos los matices de la vida virtuosa. Pero tampoco la ciencia es completamente irrelevante o está desinformada; ha ascendido a la supremacía en la cultura actual debido a su poder explicativo, su capacidad para ampliar nuestra esperanza de vida, y la visión que se presta a algunos de los misterios más profundos del universo. Ya sea considerando las partículas más pequeñas de la materia o las galaxias más grandes, la ciencia explica la forma en que vemos toda la creación.

En lugar de aceptar o rechazar toda la ciencia, quizás lo mejor para los cristianos es abordar la ciencia con espíritu crítico. Es decir, viendo sus límites y analizando de forma crítica las generalizaciones y la confianza excesiva que genera, pero también viendo su valor y valorando cómo nos permite entender más plenamente la creación. Es lo que he tratado de hacer a lo largo de este libro, ver la psicología positiva a través de una lente con apreciación crítica.

REDIMIR LA VIRTUD

Al concluir este breve libro, vuelvo a las cuatro dimensiones de la virtud redentora que propuse en la introducción y que he

---

[6] Alan C. Tjeltveit, "Understanding Human Beings in the Light of Grace: The Possibility and Promise of Theology-Informed Psychologies," *Consensus: A Canadian Lutheran Journal of Theology* 29 (2004): 100.

considerado en cada uno de los capítulos. En primer lugar, la psicología positiva nos ayuda a recuperar el lenguaje de la virtud, un lenguaje que se ha perdido principalmente en la época actual. Estoy agradecido a los hombres y mujeres que estudian el perdón, la gratitud y la humildad y aportan sus conclusiones al mundo científico. Muchos de estos eruditos son amigos míos, y considero que su trabajo es tremendamente importante para resucitar el diálogo sobre la virtud. Everett Worthington, un hombre amable y humilde, y uno de los principales expertos del mundo en cuanto tiene que ver con el perdón y humildad, me inspira con su ejemplo. Él entiende el perdón científicamente, pero también personalmente, habiendo perdonado al asesino de su madre. Julie Exline, una erudita que estudió y escribió ampliamente sobre muchas de las virtudes que se analizan en este libro, que también pasó años aprendiendo sobre la formación espiritual. Bob Emmons, que ha liderado el camino en la investigación de la gratitud y ahora se ha puesto a investigar la gracia, entrenó al equipo de la Liga Infantil de su hijo y muestra un notable equilibrio en la vida. Cada uno de estos científicos, y muchos más que podría nombrar, están ayudando a recuperar el lenguaje perdido de la virtud, devolviéndolo a la luz después de decenios (o siglos) de oscuridad. Y no son los únicos ya que muchos filósofos y teólogos en los últimos años también han ayudado a reclamar el lenguaje de la virtud.

Segundo, si nosotros en la iglesia nos comprometemos con la psicología de la virtud, y quienes pertenecemos a la ciencia nos comprometemos con la iglesia, podemos ayudar a mejorar la ciencia. Cuando los científicos se ocupan de los efectos de las virtudes en la salud personal, los miembros de la iglesia pueden estar de acuerdo y hacerles ver también el contexto más amplio de las virtudes. Es cierto, podemos vivir más tiempo si perdonamos a nuestros enemigos, pero también forjaremos comunidades más fuertes y alentaremos a otros que observan cómo perdonamos a que también perdonen a sus enemigos. Reflejaremos el perdón y la gracia de un Dios amante que nos llama a que nos aceptemos unos a otros, así como Jesús nos acepta (Ro 15:7). En resumen, el perdón es una manera de vivir los mayores mandamientos, amar a Dios y al prójimo.

Tercero, la iglesia puede ser más fuerte al incluir a la ciencia en el diálogo. Incluso si nosotros en la iglesia sabemos que el perdón es algo más que salud personal, es posible que no sepamos muy bien cómo perdonar. Pero la psicología puede ayudarnos. Worthington ha ofrecido evidencias convincentes con su método REACH para perdonar, analizado en el capítulo 2, que podemos establecer junto con los mandatos y modelos teológicos hasta que veamos que avanzamos hacia la sanidad personal, interpersonal y comunitaria. Además, a medida que la iglesia se compromete a dialogar con la ciencia, la iglesia sigue siendo relevante para las generaciones venideras que han aprendido a confiar en la ciencia y aceptarla, a veces acríticamente. Si los cristianos podemos incluir a la ciencia en un diálogo respetuoso, también ganamos credibilidad cuando se trata de marcar los límites y señalar los puntos débiles de los métodos científicos.

Por último, la psicología de la virtud puede ayudar a transformar nuestra manera de entender la consejería cristiana. La consejería actual se centra en gran medida en aliviar el sufrimiento, y es una vocación elevada. Siempre habrá un lugar para llorar con quienes lloran y consolar a los que están en los lugares más trágicos de la vida. La consejería es eso, pero también puede ser más. A la vez que se llora juntos, se ofrece la paz y se establece la confianza, los consejeros y sus pacientes pueden entrever juntos un *telos*. ¿Cómo será avanzar en la vida hacia la plenitud y la integridad? Es una aventura que vale la pena tener en cuenta: tal vez los consejeros cristianos, trabajando bajo la dirección del Espíritu de Dios, puedan abrir el camino para devolver la virtud al gabinete de consejería.

BIBLIOGRAFÍA

Algoe, Sara B., Barbara L. Fredrickson, y Shelly L. Gable. "The Social Functions of the Emotion of Gratitude via Expression." *Emotion* 13 (2013): 605–9.

Baltes, Paul B., y Jacqui Smith. "The Psychology of Wisdom and Its Ontogenesis." In *Wisdom: Its Nature, Origins, and Development*, edited by Robert J. Sternberg, 87–120. Cambridge: Cambridge University Press, 1990.

Baltes, Paul B., Ursula M. Staudinger, Andreas Maercker, y Jacqui Smith. "People Nominated as Wise: A Comparative Study of Wisdom-Related Knowledge." *Psychology and Aging* 10 (1995): 155–66.

Bangen, Katherine J., Thomas W. Meeks, and Dilip V. Jeste. "Defining and Assessing Wisdom: A Review of the Literature." *American Journal of Geriatric Psychiatry* 21 (2013): 1254–66.

Barclay, John M. G. *Paul and the Gift*. Grand Rapids: Eerdmans, 2015. BBC. "Tracing the Bitter Truth of Chocolate and Child Labour." *Panorama*, last updated March 24, 2010. news.bbc.co.uk/panorama/hi/front_page/newsid_8583000/8583499.stm.

Beckenbach, John, Shawn Patrick, y James N. Sells. "Relationship Conflict and Restoration Model: A Preliminary Exploration of Concepts and Therapeutic Utility." *Contemporary Family Therapy* 32 (2010): 290–301.

Brooks, David. The Road to Character. New York: Random House, 2015. Buechner, Frederick. *A Room Called Remember: Uncollected Pieces*. San Francisco: HarperCollins, 1984.

Bufford, Rodger K., Amanda M. Blackburn, Timothy A. Sisemore, y Rodney L. Bassett. "Preliminary Analyses of Three Measures of Grace: Can They Be Unified?" *Journal of Psychology and Theology* 43 (2015): 86–97.

Bufford, Rodger K., Timothy A. Sisemore, y Amanda M. Blackburn. "Dimensions of Grace: Factor Analysis of Three Grace Scales." *Psychology of Religion and Spirituality* 9 (2017): 56–69.

Carson, James W., Francis J. Keefe, Veeraindar Goli, Anne Marie Fras, Thomas R. Lynch, Steven R. Thorp, and Jennifer L. Buechler. "Forgive- ness and Chronic Low Back Pain: A Preliminary Study Examining the Relationship of Forgiveness to Pain, Anger, and Psychological Distress." *Journal of Pain* 6 (2005): 84–91.

Cartwright, Kelly B., Paz Galupo, Seth D. Tyree, and Jennifer G. Jennings. "Reliability and Validity of the Complex Postformal Thought Questionnaire: Assessing Adults' Cognitive Development." *Journal of Adult Development* 16 (2009): 183–89.

Cohen, Randy, Chirag Bavishi, y Alan Rozanski. "Purpose in Life and Its Relationship to All-Cause Mortality and Cardiovascular Events: A Meta-analysis." *Psychosomatic Medicine* 78 (2016): 122–33.

Davis, Don E., Elise Choe, Joel Meyers, Nathaniel Wade, Kristin Varjas, Allison Gifford, Amy Quinn, y otros, "Thankful for the Little Things: A Meta-analysis of Gratitude Interventions." *Journal of Counseling Psy- chology* 63 (2016): 20–31.

Davis, Don E., y Joshua N. Hook. "Humility, Religion, and Spirituality: An Endpiece." *Journal of Psychology and Theology* 42 (2014): 111–17.

Davis, Don E., Joshua N. Hook, Everett L. Worthington Jr., Daryl R. Van Tongeren, Aubrey L. Gartner, David J. Jennings II, y Robert A. Emmons. "Relational Humility: Conceptualizing and Measuring Humility as a Personality Judgment." *Journal of Personality Assessment* 93 (2011): 223–34.

DePompa, Rachel. "VCU Professor Forgives Killer after Losing His Mother and Brother." *On Your Side*, 2013, NBC 12. http://www.nbc12.com/story/22301562/vcu-professor-forgives-killer-after-losing-his-mother-and-brother.

Diener, Ed, Robert A. Emmons, Randy Larsen, y Sharon Griffin. "The Satisfaction with Life Scale." *Journal of Personality Assessment* 49 (1985): 71–75. Emmons, Robert A. *Gratitude Works! A 21-Day Program for Creating Emotional Prosperity*. San Francisco: Jossey-Bass, 2013.

Emmons, Robert A., y Michael E. McCullough. "Counting Blessings versus Burdens: Experimental Studies of Gratitude and Subjective Well-Being." *Journal of Personality and Social Psychology* 84 (2003): 377–89.

———. *The Psychology of Gratitude*. New York: Oxford University Press, 2004.

Enright, Robert D. *Forgiveness Is a Choice: A Step-by-Step Process for Resolving Anger and Restoring Hope*. Washington, DC: American Psychological Association, 2001.

Farrell, Jennifer E., Joshua N. Hook, Marciana Ramos, Daryl R. Van Ton- geren, Don E. Davis, y John M. Ruiz. "Humility and Relationship Outcomes in Couples: The Mediating Role of Commitment." *Couple and Family Psychology: Research and Practice* 4 (2015): 14–26.

Foster, Richard J. *Prayer: Finding the Heart's True Home*. San Francisco: HarperCollins, 1992.

Friedberg, Jennifer, Sonia Suchday, y Danielle V. Shelov. "The Impact of Forgiveness on Cardiovascular Reactivity and Recovery." *International Journal of Psychophysiology* 65 (2007): 87–94.

Frise, Nathan R., y Mark R. McMinn. "Forgiveness and Reconciliation: The Differing Perspectives of Psychologists and Christian Theologians." *Journal of Psychology and Theology* 38 (2010): 83–90.

Geczy-Haskins, Laura A. "The Effects of Grace on Self-Forgiveness within a Religious Community." Tesis Doctoral, George Fox University, October 2016.

Gordon, Amie M., Emily A. Impett, Aleksandr Kogan, Christopher Oveis, y Dacher Keltner. "To Have and to Hold:

Gratitude Promotes Relationship Maintenance in Intimate Bonds." *Journal of Personality and Social Psychology* 103 (2012): 257–74.

Grossmann, Igor, Mayumi Karasawa, Satoko Izumi, Jinkyung Na, Michael Varnum, Shinobu Kitayama, y Richard E. Nisbett. "Aging and Wisdom: Culture Matters." *Psychological Science* 23 (2012): 1059–66.

Grubbs, Joshua B., y Julie J. Exline. "Humbling Yourself before God: Humility as a Reliable Predictor of Lower Divine Struggle." *Journal of Psychology and Theology* 42 (2014): 41–49.

Hannon, Peggy, Eli Finkel, Madoka Kumashiro, y Caryle Rusbult. "The Soothing Effects of Forgiveness on Victims' y Perpetrators' Blood Pressure." *Personal Relationships* 19 (2012): 279–89.

Harris, Russ. *The Happiness Trap*. Boston: Trumpeter, 2011.

Hoekema, Anthony A. *Created in God's Image*. Grand Rapids: Eerdmans, 1994.

Hook, Joshua N., y Don E. Davis. "Humility, Religion, and Spirituality: Introduction to the Special Issue." *Journal of Psychology and Theology* 42 (2014): 3–6.

Hook, Joshua N., Don E. Davis, Jesse Owen, Everett L. Worthington Jr., Shawn O. Utsey, y Terrence Tracey. "Cultural Humility: Measuring Openness to Culturally Diverse Clients." *Journal of Counseling Psychology* 60 (2013): 353–66.

Jones, L. Gregory. *Embodying Forgiveness: A Theological Analysis*. Grand Rapids: Eerdmans, 1995.

Jones, L. Gregory, y Célestin Musekura. *Forgiving as We Have Been Forgiven: Community Practices for Making Peace*. Downers Grove, IL: InterVarsity, 2010.

Jones, Stanton L. *Psychology: A Student's Guide*. Wheaton: Crossway, 2014. Kesibir, Pelin. "A Quiet Ego Quiets Death Anxiety: Humility as an Existential Anxiety Buffer." *Journal of Personality and Social Psychology* 106 (2014): 610–23.

Kim, Jichan, y Robert D. Enright. "Why Reconciliation Is Not a Component of Forgiveness: A Response to Frise and McMinn." *Journal of Psychology and Christianity* 34 (2015): 19–25.

Knabb, Joshua J. *Faith-Based ACT for Christian Clients: An Integrative Treatment Approach*. New York: Routledge, 2016.

Koenig, Harold, y Arndt Büssing. "The Duke University Religion Index (DUREL): A Five-Item Measure for Use in Epidemiological Studies." *Religions* 1 (2010): 78–85.

Krause, Neal, and R. David Hayward. "Humility, Compassion, and Gratitude to God: Assessing the Relationships among Key Religious Virtues." *Psychology of Religion and Spirituality* 7 (2015): 192–204.

Kristjánsson, Kristján. "An Aristotelian Virtue of Gratitude." *Topoi* 34 (2015): 499–511.

Kwan, Simon S. M. "Interrogating Hope: The Pastoral Theology of Hope and Positive Psychology." *International Journal of Practical Theology* 14 (2010): 47–67.

Larsen, Denise J., y Rachel Stege. "Client Accounts of Hope in Early Counseling Sessions: A Qualitative Study." *Journal of Counseling & Development* 90 (2012): 45–54.

Lavelock, Caroline R., Everett L. Worthington Jr., Don E. Davis, Brandon J. Griffin, Chelsea A. Reid, Joshua N. Hook, y Daryl R. Van Tongeren. "The Quiet Virtue Speaks: An Intervention to Promote Humility."*Journal of Psychology and Theology* 42 (2014): 99–110.

Lawler, Kathleen A., Jarred W. Younger, Rachel L. Piferi, Eric Billington, Rebecca Jobe, Kim Edmondson, y Warren H. Jones. "A Change of Heart: Cardiovascular Correlates of Forgiveness in Response to Inter-personal Conflict." *Journal of Behavioral Medicine* 26 (2003): 373–93.

Lawler-Row, Kathleen A., Johan C. Karremans, Cynthia Scott, Meirav Edlis- Matityahou, y Laura Edwards. "Forgiveness, Physiological Reactivity and Health: The Role of Anger." *International Journal of Psychophysiology* 68 (2008): 51–58.

Lewis, C. S. *Mere Christianity.* New York: Macmillan, 1952.

Lopez, Shane J. *Making Hope Happen.* New York: Atria Books, 2013.

———. "Making Ripples: How Principals and Teachers Can Spread Hope throughout Our Schools." *Phi Delta Kappan* 92, no. 2 (2010): 40–44.

MacIntyre, Alasdair. *After Virtue.* 3rd ed. Notre Dame, IN: University of Notre Dame Press, 2007.

McElroy, Stacey E., Kenneth G. Rice, Don E. Davis, Joshua N. Hook, Peter C. Hill, Everett L. Worthington Jr., y Daryl

R. Van Tongeren. "Intellectual Humility: Scale Development and Theoretical Elaborations in the Context of Religious Leadership." *Journal of Psychology and Theology* 42 (2014): 19–30.

McLaughlin, Paul, y Mark R. McMinn. "Studying Wisdom: Toward a Christian Integrative Perspective." *Journal of Psychology and Theology* (2015): 121–30.

McMinn, Lisa. *The Contented Soul: The Art of Savoring Life*. Downers Grove, IL: InterVarsity, 2006.

———. *To the Table: A Spirituality of Food, Farming, and Community*. Grand Rapids: Brazos, 2016.

McMinn, Mark R. "Flowing like Honey: Gratitude & the Good Life." *The Table* (blog), July 28, 2014. Biola University Center for Christian Thought. http://cct.biola.edu/blog/flowing-honey-gratitude-good-life.

———. *Sin and Grace in Christian Counseling: An Integrative Paradigm*. Downers Grove, IL: InterVarsity, 2008.

———. *Why Sin Matters: The Surprising Relationship between Our Sin and God's Grace*. Wheaton: Tyndale House, 2004.

McMinn, Mark R., Heath Fervida, Keith A. Louwerse, Jennifer L. Pop, Ryan D. Thompson, Bobby L. Trihub, y Susan McLeod-Harrison. "Forgiveness and Prayer." *Journal of Psychology and Christianity* 27 (2008): 101–9.

McMinn, Mark R., Janeil N. Ruiz, David Marx, J. Brooke Wright, y Nicole B. Gilbert. "Professional Psychology and the Doctrines of Sin and Grace: Christian Leaders' Perspectives." *Professional Psychology: Research and Practice* 37 (2006): 295–302.

Mills, Paul J., Laura Redwine, y Deepak Chopra. "A Grateful Heart May Be a Healthier Heart." *Spirituality in Clinical Practice* 2 (2015): 23–24.

Mills, Paul J., Laura Redwine, Kathleen Wilson, Meredith A. Pung, Kelly Chinh, Barry H. Greenberg, Ottar Lunde, y otros "The Role of Gratitude in Spiritual Well-Being in Asymptomatic Heart Failure Patients." *Spirituality in Clinical Practice* 2 (2015): 5–17.

Moltmann, Jürgen. *Theology of Hope*. New York: Harper & Row, 1967.

Moody, Jeff A. "The Effects of a Grace Intervention on a Christian Congregation: A Study of Positive Psychology in the Church." Tesis Doctoral George Fox University, December 2015.

Murray, Andrew. *Humility*. New York: Anson D. F. Randolph & Co., 1895, https://faculty.gordon.edu/hu/bi/ted_hildebrandt/spiritualformation/texts /murray_humility/murray_humility.pdf.

Nieuwsma, Jason A., Robyn D. Walser, y Steven C. Hayes, eds. *ACT for Clergy and Pastoral Counselors: Using Acceptance and Commitment Therapy to Bridge Psychological and Spiritual Care*. Oakland, CA: Con- text Press/New Harbinger Publications, 2016.

Nouwen, Henri J. M. *The Selfless Way of Christ: Downward Mobility and the Spiritual Life*. London: Orbis, 2007.

Pasupathi, Monisha, Ursula M. Staudinger, y Paul B. Baltes. "Seeds of Wisdom: Adolescents' Knowledge and Judgment about Difficult Life Problems." *Developmental Psychology* 23 (2004): 351–61.

Patrick, Shawn, John Beckenbach, James N. Sells, y Robert F. Reardon. "An Empirical Investigation into Justice, Grace, and Forgiveness: Paths to Relationship Satisfaction." *The Family Journal: Counseling and Therapy for Couples and Families* 21 (2013): 142–53.

Peterson, Christopher, y Martin E. P. Seligman. *Character Strengths and Virtues: A Handbook and Classification*. Washington, DC: American Psychological Association; New York: Oxford University Press, 2004.

Rand, Kevin L., Jennifer S. Cheavens. "Hope Theory." In *The Oxford Handbook of Positive Psychology*, edited by Shane J. Lopez y Craig R. Snyder, 323–33. 2ª ed. New York: Oxford University Press, 2009.

Reichard, Rebecca J., James B. Avey, Shane Lopez, y Maren Dollwet. "Having the Will and Finding the Way: A Review and Meta-analysis of Hope at Work." *Journal of Positive Psychology* 8 (2013): 292–304.

Rosmarin, David H., Steven Pirutinsky, Devora Greer, y Miriam Korbman. "Maintaining a Grateful Disposition in the Face of Distress: The Role of Religious Coping." *Psychology of Religion and Spirituality* 8 (2015): 134–40.

Scioli, Anthony, y Henry B. Biller. *The Power of Hope: Overcoming Your Most Daunting Life Difficulties—No Matter What*. Deerfield Beach, FL: Health Communications Inc., 2010.

Scioli, Anthony, Michael Ricci, Than Ngugen, y Erica R. Scioli. "Hope: Its Nature and Measurement." *Psychology of Religion and Spirituality* 3 (2011): 78–97.

Sisemore, Timothy A. "Acceptance and Commitment Therapy: A Christian Translation." *Christian Psychology* 8, no. 2 (2014): 5–15.

Sisemore, Timothy A., Matthew Arbuckle, Melinda Killian, Elizabeth Mortellaro, Mahogany Swanson, Robert Fisher, y Joshua McGinnis. "Grace and Christian Psychology—Part 1: Preliminary Measurement, Relationships, and Implications for Practice." *Edification: The Transdisciplinary Journal of Christian Psychology* 4, no. 2 (2011): 57–63.

Smith, Huston, y Phil Cousineau. *And Live Rejoicing: Chapters from a Charmed Life*. Novato, CA: New World Library, 2012.

Smith, James B. *The Good and Beautiful God: Falling in Love with the God Jesus Knows*. Downers Grove, IL: InterVarsity, 2009.

Sternberg, Robert J. "A Balance Theory of Wisdom." En *The Essential Sternberg*, editado por James C. Kaufman y Elena L. Grigorenko, 353–76. New York: Springer, 2008.

Tangney, June Price. "Humility: Theoretical Perspectives, Empirical Findings and Directions for Future Research." *Journal of Social and Clinical Psychology* 19 (2000): 70–82.

Taylor, Barbara B. *Speaking of Sin: The Lost Language of Salvation*. Boston: Cowley, 2000.

Taylor, Jeremy. *Holy Living*. Actualizado por Hal M. Helms. Brewster, MA: Paraclete Press, 1988. Primera edición 1650.

Thompson, Laura Yamhure, C. R. Snyder, Lesa Hoffman, Scott T. Michael, Heather N. Rasmussen, Laura S. Billings, Laura Heinze, y otros, "Dispositional Forgiveness of Self, Others, and Situations." *Journal of Personality* 73 (2005): 313–60.

Tjeltveit, Alan C. "Understanding Human Beings in the Light of Grace: The Possibility and Promise of Theology-Informed Psychologies." *Consensus: A Canadian Lutheran Journal of Theology* 29 (2004): 99–122.

Toussaint, Loren, Grant S. Shields, Gabriel Dorn, y George M. Slavich. "Effects of Lifetime Stress Exposure on Mental and Physical Health in Young Adulthood: How Stress Degrades and Forgiveness Protects Health." *Journal of Health Psychology* 21 (2016): 1004–14.

Uhder, J., M. R. McMinn, R. K. Bufford, y K. Gathercoal. "A Gratitude Intervention in a Christian Church Community." *Journal of Psychology and Theology* (forthcoming).

Underwood, Lynn G., y Jeanne A. Teresi. "The Daily Spiritual Experience Scale: Development, Theoretical Description, Reliability, Exploratory Factor Analysis, and Preliminary Construct Validity Using Health-Related Data." *Annals of Behavioral Medicine* 24 (2002): 22–33.

Vasiliauskas, Sarah L., y Mark R. McMinn. "The Effects of a Prayer Intervention on the Process of Forgiveness." *Psychology of Religion and Spirituality* 5 (2013): 23–32.

Vitz, Paul C. *Psychology as Religion: The Cult of Self-Worship.* 2ª ed. Grand Rapids: Eerdmans, 1995.

Wade, Nathaniel G., William T. Hoyt, Julia E. M. Kidwell, Everett L. Worthington Jr., y Arthur M. Nezu. "Efficacy of Psychotherapeutic Interventions to Promote Forgiveness: A Meta-analysis." *Journal of Consulting and Clinical Psychology* 82 (2014): 154–70.

Watson, Paul J., Ronald J. Morris, y Ralph W. Hood Jr. "Sin and Self- Functioning, Part 1: Grace, Guilt, and Self-Consciousness." *Journal of Psychology and Theology* 16 (1988): 254–69.

Wirzba, Norman. *Food and Faith: A Theology of Eating.* New York: Cambridge University Press, 2011.

———. "Food Justice as God's Justice," April 18, 2016, http://www.tikkun.org/nextgen/food-justice-as-gods-justice.

Witvliet, Charlotte van Oyen, Thomas E. Ludwig, y Kelly L. Vander Laan. "Granting Forgiveness or Harboring Grudges: Implications for Emotion, Physiology, and Health." *Psychological Science* 12 (2001): 117–23.

Wood, Alex M., Jeffrey J. Froh, y Adam W. A. Geraghty. "Gratitude and Well-Being: A Review and Theoretical Integration." *Clinical Psychology Review* 30 (2010): 890–905.

Worthington, Everett L., Jr. *Forgiving and Reconciling: Bridges to Wholeness and Hope.* Downers Grove, IL: InterVarsity, 2003.

———. "What Are the Different Dimensions of Humility?" *Big Questions Online,* November 4, 2014. https://www.bigquestionsonline.com/2014/11/04/what-are-different-dimensions-humility.

Worthington, Everett L., Jr., Charlotte van Oyen Witvliet, Pietro Pietrini, y Andrea J. Miller. "Forgiveness, Health, and Well-Being: A Review of Evidence for Emotional versus Decisional Forgiveness, Dispositional Forgivingness, and Reduced Unforgiveness." *Journal of Behavioral Medicine* 30 (2007): 291–302.

Zheng, Xue, Ryan Fehr, Kenneth Tai, Jayanth Narayanan, y Michele J. Gelfand. "The Unburdening Effects of Forgiveness." *Social Psychological and Personality Science* 6 (2015): 431–38.

ÍNDICE TEMÁTICO

Acceptance and Commitment
 Therapy (ACT), 187. *Ver también*
 consejería cristiana.
acción, esperanza y, 143–144, 150–151,
 156, 158–159
adoración, gratitud y, 22, 24, 104, 108
agricultura. *Ver* alimento, humildad y,
Algoe, Sara, 91
alimento, humildad y, 115, 126–127, 131
altruismo, perdón y, 73
apertura intelectual, 118
aprender, capacidad de, humildad y,
 53–54, 78, 82, 84, 96, 107, 109, 113, 121,
 124, 133–134, 136–137, 156, 176

Barclay, John, 162, 171, 193
Biller, Henry, 146, 199
Brooks, David, 14, 114–115, 129–130,
 134, 141, 146–147, 185, 194

cambio, perdón y, 18, 20, 24, 38, 70, 79,
 81, 90, 96, 105, 125, 132–133, 137, 155,
 161, 175, 181, 186, 189
Carson, James, 65, 194
Ciencia, 3, 18–19, 25, 27, 31, 33, 37, 45,
 53, 55, 67, 71, 84, 86, 109, 116, 133–135,
 138–139, 143, 162, 167, 169, 171,
 176–177, 179, 184–186, 189–192

comidas. *Ver* alimento, humildad y,
 mentoring, sabiduría y,
compromiso, perdón y, 10, 42-46,
 49, 51
comunidad, 79, 80, 89, 99, 101, 103-105,
 120, 127, 153. *Ver también* los demás
consejería cristiana,
 esperanza y, 24, 27, 47, 85, 89, 134,
  139, 142, 145–146, 178
 gracia y, 18, 55, 109, 169–171, 174, 176
 gratitud y, 88, 91, 93–97, 100, 102,
  104, 107, 171, 179, 191
 humildad y, 114–115, 132, 141, 166,
  189, 191
 perdón y, 24, 72–73, 75–76, 81–83, 91,
  121, 165, 191
 sabiduría y, 14, 20, 36, 42, 45, 49, 54,
  88, 125, 171
conocimiento, 24, 27, 32–35, 37, 40, 42,
 53–54, 69, 109, 116, 142
conocimiento objetivo, 33. *Ver también*
 conocimiento
compromiso, perdón y, 30, 40, 76–77,
 81, 103, 105, 107, 113, 117, 137, 175,
 180, 187
contextualización, esperanza de vida,
 29–31. *Ver también* sabiduría
contraste absurdo, 114

203

creación, 126, 128–129, 152–153, 162–163, 182, 190
Cristo. *Ver* Jesús
cuantificación, científica, 185
cuestionario, 49–50, 52, 133, 155
culpa, humildad y, 25, 71, 74, 79, 135
Cuthbert, Andrew, 13, 121, 132

dar gracias, cansancio de, 89, 93, 100–101, 109, 126
Davis, Don, 13, 97–98, 102, 119–121, 132, 194–197
Davis, Ward, 13, 97–98, 102, 119–121, 132, 194–197
depresión. *Ver* desprecio de uno mismo
desequilibrio, perdón y, 67
desprecio de uno mismo, 133
desvío, 107
detectar los beneficios, 98
diario de agradecimientos, 92–93, 96–98, 102, 105
dimensiones del nivel de gracia, 159
Dios
   gracia y, 169–171, 174, 176
   humildad y, 114–115
   los demás y, 17-18
   Ver también Jesús
Dolor, 72-74, 105, 131, 139-140, 154-155, 176, 183. *Ver también* pelear con Dios
dolor de espalda, 59, 61, 78. *Ver también* dolor
dolor lumbar, 60. *Ver también* dolor

edad, sabiduría y, 45–46, 48, 51, 56, 59, 121, 144–145
efecto del tamaño, 97–98
egoísmo, 23, 70, 124, 154
el *telos* de, 43, 100, 102, 130–131, 150, 170
Emmons, Robert, 49, 89–94, 97, 102–103, 108, 191, 194–195
empatía, 87, 161, 175. *Ver también* otro
Enright, Robert, 74, 85, 195–196
escatología, 141, 157

esperanza,
   comunidad y, 105
   consejería y, 146, 164, 166, 179
   definida, 135-139
   dolor y, 63, 65, 128, 158
   escatología y, 153
   Jesús y, 22, 27, 39, 61, 130
   oración y, 83, 102, 154–155
   perdón y, 24, 72–73, 75–76, 81–83, 91, 121, 165, 191
   salud y, 20, 41–42, 98, 130–131
   espiritualidad, sabiduría y, 95–96, 103, 146, 156
estrés, 64, 66, 94
examen diario, 102
Exline, Julie, 121, 135, 191, 196

felicidad, virtud y, 88, 177, 186–187
fortaleza, virtud de la, 89, 115, 151

Geczy-Haskins, Laura, 13, 173, 195
Goetsch, Brian, 154
gracia,
   como virtud, 24, 133, 136
   consejería y, 146, 164, 166, 179
   dimensiones de, 117, 163, 190
   Dios y, 154, 159, 164, 177, 180, 185
   el *telos* de, gratitud y, 43, 100, 102, 130–131, 150, 170
   matrimonio y, 161
   paciencia y, 165
   pecado y, 79, 153, 165, 177
   perdón y, 24, 72–73, 75–76, 81–83, 91, 121, 165, 191
   prioridad de, 167
   religiosidad y, 171
   salud y, 20, 41–42, 98, 130–131
   singularidad de la, 167

gracia cara, 163
gracia, eficacia de, 11, 18, 24, 27, 55, 61–62, 70, 83–84, 86, 88, 90–91, 104, 109, 126, 129, 134, 141–142, 161–182, 184, 189–191
gratitud,
   comunidad y, 93–110

como virtud, 24, 133, 136
consejería y, 146, 164, 166, 179
definida, 93
diario de, llevar un, 92–93, 96–98, 102, 105
dones y, 93–110
el *telos* de, 43, 100, 102, 130–131, 150, 170
gracia y, 18, 55, 109, 169–171, 174, 176
humildad y, 114–115, 132, 141, 166, 189, 191
Jesús y, 22, 27, 39, 61, 130
los demás y, 21, 35, 91, 103, 111, 129, 131, 177–178
práctica de, 3, 32
salud y, 20, 41–42, 98, 130–131
sanidad, Jesús y, 24, 79, 83, 134, 192
salud física, 66, 96, 120
Grubbs, Joshua, 121, 135, 196
grupo comparativo, 48–52, 132–133

hipertensión, 64
Hook, Joshua, 120, 136, 194–197
humildad,
alimentos y, 101, 125
clases de, 53
comunidad y, 127-128
consejería y, 146, 164, 166, 179
creación y, 123
cultural, 136
Dios y, 22–24, 26–27, 39, 41–42, 48, 52, 56, 71, 88, 90, 113, 124, 131, 134–135, 138, 154, 159, 164, 177, 180, 185, 191
el yo y, 120, 123
el *telos* de, 43, 100, 102, 130–131, 150, 170
espiritual, 125
gratitud y, 88, 91, 93–97, 100, 102, 104, 107, 171, 179, 191
Jesús y, 22, 27, 39, 61, 130
intelectual, 118–119, 136
miedo, 135
orgullo y, 124, 133–134, 137
relacional, 119–120, 132, 136
salud y, 20, 41–42, 98, 130–131

sumisión y, 118-119
superioridad y, 119
teología y, 146
Ver también pelear con Dios

iglesia, la,
ciencia y, 25, 31, 37, 133, 138, 143, 176, 185–186, 192
esperanza y, 24, 27, 47, 85, 89, 134, 139, 142, 145–146, 178
gracia y, 18, 55, 109, 169–171, 174, 176
gratitud y, 88, 91, 93–97, 100, 102, 104, 107, 171, 179, 191
humildad y, 114–115, 132, 141, 166, 189, 191
perdón y, 24, 72–73, 75–76, 81–83, 91, 121, 165, 191
sabiduría y, 14, 20, 36, 42, 45, 49, 54, 88, 125, 171
ira, 65, 67, 73, 78, 82, 135, 179–180
incertidumbre, gestionar, 33, 36, 44, 57, 59. *Ver también* sabiduría

Jesús,
esperanza y, 24, 27, 47, 85, 89, 134, 139, 142, 145–146, 178
gratitud y, 88, 91, 93–97, 100, 102, 104, 107, 171, 179, 191
humildad y, 114–115, 132, 141, 166, 189, 191
perdón y, 24, 72–73, 75–76, 81–83, 91, 121, 165, 191
sabiduría y, 14, 20, 36, 42, 45, 49, 54, 88, 125, 171
virtud y, 19–20, 22, 169, 184
Ver también Dios

Jones, L. Gregory, 24, 69, 75–76, 78–83, 127, 196–197
Jones, Stanton, 24, 69, 75–76, 78–83, 127, 196–197
justicia, virtud de la, 21, 31, 40, 42, 44, 79, 81, 89, 151

Lavelock, Caroline, 121, 132, 197
Lawler, Kathleen, 64, 66, 197

los demás, 20–22, 26, 32, 35, 42, 52–53, 66, 70–71, 79, 84, 89–92, 95, 103–104, 111–115, 117, 121–122, 124, 129, 131–133, 145, 149, 161, 163–164, 166, 170–171, 177–178

mal, el problema del. *Ver* pelear con Dios
matrimonio, gracia y, 161
McCullough, Michael, 27, 34–35, 59, 61–62, 66, 140, 172, 186, 188
McElroy, Stacey, 118–119, 197
mentoring, 14, 46–51, 53, 55
Mills, Paul, 95–96, 198
modelo/acción, 139, 147
modelo cognitivo, 142, 152
Moody, Jeff, 13, 172, 198
motivación, perdón y, 95, 139, 143, 149–150
Musekura, Celestin, 24, 69, 76, 78–83, 196

narcisismo, 119, 133, 136
naturaleza, 20, 118, 121. *Ver también* creación
Newton, John, 169–170

ocupación, humildad y, 113
ofensor, perdón y, 66, 73, 79, 81, 86
oración, 47, 61, 83, 91, 101–102, 154–155
orgullo,
  humildad y, 111–113, 115, 118–119, 124–125, 129, 133–134, 136–137, 149
  intelectual, 118
ofensor, perdón y, 66, 73, 79, 81, 86
otro, el,
  gracia y, 18, 55, 109, 169–171, 174, 176
  gratitud y, 88, 91, 93–97, 100, 102, 104, 107, 171, 179, 191
  humildad y, 114–115, 132, 141, 166, 189, 191
  perdón y, 24, 72–73, 75–76, 81–83, 91, 121, 165, 191
  virtud y, 19–20, 22, 169, 184
  Ver también comunidad; empatía

paciencia, gracia y, 78–79, 89, 104, 121, 152, 157, 169, 187
pecado, 61, 77, 79–80, 152–154, 165, 168, 170, 176–177. *Ver también* pelear con Dios
pelear con Dios, 131
  esperanza y, 24, 27, 47, 85, 89, 134, 139, 142, 145–146, 178
  humildad y, 114–115, 132, 141, 166, 189, 191
  Ver también dolor; pecado
pensamiento
post-formal, 46, 48
Ver también sabiduría crítica
perdón, el
  como rasgo, 61–86
  compromiso con, 76
  comunidad y, 64, 67, 70, 76, 79, 80
  consejería y, 146, 164, 166, 179
  dolor y, 63, 65, 128, 158
  el ofensor y, 66, 79
  el *telos* del, 67–71, 82, 86
  gracia y, 57
  Jesús y, 79–80
  oración y, 83
  pasos de baile del, 74–76
  reconciliación y, 68–70, 76, 78–79
personalidad, gracia y, 68, 96, 121, 135, 174
problemas, 32, 48, 56, 66, 71, 81, 87–89, 92–93, 97–98, 100, 127–128, 134, 153, 155–156, 166, 179, 187
prójimo, el. *Ver* otro
prudencia, virtud de la, 21, 89
psicología,
  la iglesia y la, 72, 185
  del perdón, 58-63
  de la gracia, 160-162
  de la gratitud, 87-94
  de la esperanza, 139–142
  de la humildad, 113-117
  de la sabiduría, 27-32
positiva, 49, 103, 129, 152, 172

queja. *Ver* pelear con Dios

rasgo, 65–66, 68, 121, 174–175
recíproca, gracia no, 171
reciprocidad, gracia y
   reconciliación, 161
regalo, 77, 81, 85, 88–90, 100, 102–103,
   161–162, 169, 171, 182
relativización, valores y, 33–35. *Ver
   también* sabiduría
religiosidad intrínseca, 175
religiosidad, gracia y,
   salud y, 20, 41–42, 98, 130–131
   tipos de, 31, 85, 126, 145
REACH, modelo, 76–77, 82, 192
recibir. *Ver* dones

sabiduría,
   convencional, 38–42, 45, 55–57, 59
   crítica, 35, 39, 51, 54, 55
   conocimiento y, 42, 142
   práctica, 45, 47
   el *telos* de, 39-40
sacrilegio, Jesús y, 39
salmos, gratitud y, 101, 104
sanando el sábado (Sabbath), 34
satisfacción en la vida, 45, 91, 101, 141
Scioli, Anthony, 146, 156, 199–200
Snyder, C. R., 139, 143–144, 146, 156,
   199–200
sufrimiento. *Ver* pelear con Dios
superioridad, humildad y, 110, 115
sumisión, humildad y, 122–123

Tangney, June, 117–118, 200
tensión arterial, 64, 68–69, 82
trabajo agrícola. *Ver* alimento,
   humildad y

tratamiento de la gratitude, 96
   comunidad y, 99
   consejería y, 146, 164, 166, 179
teleología, 19, 72, 188
templanza, virtud de, 21, 89
teodicea. *Ver* pelear con Dios
teología, humilde, 3, 26, 38, 75, 121, 126,
   146, 153, 168, 170, 186
tutoría. *Ver mentoring*

uno mismo,
   gracia y, 18, 55, 109, 169–171, 174, 176
   gratitud y, 88, 91, 93–97, 100, 102,
      104, 107, 171, 179, 191
   esperanza y, 24, 27, 47, 85, 89, 134,
      139, 142, 145–146, 178
   humildad y, 114–115, 132, 141, 166,
      189, 191
   la virtud y, 19–20, 22, 169, 184
   perdón de, 173–176
   sabiduría y, 14, 20, 36, 42, 45, 49, 54,
      88, 125, 171
Uhder, Jens, 13, 104–105, 201

valores. *Ver también* sabiduría
ventanas críticas, del desarrollo, 46
verdad, perdón y, 24–25, 43, 52, 55, 58,
   77, 79, 83, 89, 100, 105, 112, 116–117,
   119, 124–125, 129, 134, 149, 169, 173, 184
vulnerabilidad, 137

Wade, Nathaniel, 66, 84, 194, 201
Witvliet, Charlotte, 64, 201–202
Wood, Alex, 94–95, 201
Worthington, Everett, 21, 65–66,
   75–78, 81–85, 191–192, 194, 196–197,
   201–202